Igle:  _ f.

"Gethsemani"

Fam. Aguirre de la Rosa

ganadores del Concurso Bíblico

Agosto 2003.

El libro devocionario de Dios para jóvenes

EDITORIAL UNILIT

HB
HONOR
BOOKS

Disponible en otros idiomas en:
Access Sales International (ASI)
P. O. Box 700143, Tulsa, OK 74170-0143 USA
Fax #918-496-2822

Publicado por
Editorial Unilit
Miami, Fl. 33172

Traducido al español por: Silvia Bolet de Fernández

Citas bíblicas tomadas de la Santa Biblia, revisión 1960 © Sociedades Bíblicas Unidas;
B.d.l.A «Biblia de las Américas» © 1986 The Lockman Foundation; «La Biblia al Día»
© 1979 International Bible Society y la Santa Biblia, Nueva Versión Internacional
© 1999 Sociedad Bíblica Internacional.
Usadas con permiso.

Producto 495185
ISBN 0-7899-0928-6
Impreso en Colombia
Printed in Colombia

Presentado a:

_____

De:

_____

Fecha:

_____

Introducción

Aún no eres un adulto, pero en realidad ya no eres un niño. Puede que tengas doce o trece años y apenas comienzas los años de la adolescencia; quince o dieciséis y estés a punto de obtener tu licencia de conducir; tal vez diecisiete o dieciocho y estés ya por graduarte de la escuela superior. Este es el período que alguien en una ocasión llamó los años "intermedios".

En el mundo de hoy de alta presión y ritmo acelerado, no es fácil ser un adolescente. Encaras situaciones difíciles cada día. Amigos y compañeros pueden presionarte a hacer cosas que no deseas, influenciar para que hagas aquellas que crees que desearías, sabiendo que no deberías. Lo que necesitas es la fuerza, resolución, y ánimo para dejar pasar esas cosas tentadoras, temporeras y emocionantes y poder trabajar hacia el destino de Dios para tu vida.

Dios tiene un plan para tu vida. Su plan es bueno. Él tiene un plan para que tú prosperes. Te dará esperanza y un futuro brillante. (Ver Jeremías 29:11.)

El libro, *El pequeño devocionario de Dios para adolescentes*, fue diseñado para animarte e inspirarte a que descubras, desees e implementes el plan divino de Dios para tu vida. Las poderosas Escrituras y citas, te ofrecerán algo en qué meditar, y las historias te ayudarán a aplicar sus principios. ¿Es la vida un reto? Seguro... pero con la ayuda y dirección de Dios, ¡tu futuro es formidable!

Cuando tú naciste, llorabas
y el mundo se regocijaba.
Vive tu vida de tal forma
que cuando mueras
el mundo llore
y tú te regocijes.

La memoria del justo es bendita.
Proverbios 10:7 (LBLA)

*U*na pintura en un antiguo templo muestra a un rey forjando una cadena de su corona y cerca, otra escena muestra a un esclavo convirtiendo su cadena en corona. Debajo de la pintura se encuentra esta inscripción: "La vida es lo que hagas de ella, no importa de lo que esté hecha".

Puede que hayas nacido con ciertos "ingredientes", igual que un dulcero puede encontrar elementos como harina, azúcar y aceite en su cocina, pero lo que tú creas con los talentos y las habilidades que Dios te ha concedido, ¡depende de ti! Vive tu vida de tal forma que pueda ser medida de acuerdo con estas palabras de un poeta anónimo:

No, "¿Cómo murió él?" sino "¿Cómo vivió?"

No, "¿Qué ganó?" sino, "¿Qué ofreció?"

Estas son las unidades con las que se mide el valor de un hombre como hombre, sin importar su nacimiento.

No, "¿Cuál fue su puesto?" sino, "¿Tenía corazón?"

Y, "¿Qué hizo con lo que Dios le dio?"

"¿Tenía siempre a flor de labios una palabra de ánimo para hacer regresar una sonrisa, para desvanecer una lágrima?"

No, "¿Cuál era su santuario?" tampoco, "¿Cuál era su doctrina?"

Sino, "¿Se mostró amigo de aquellos en verdad necesitados?"

No, "¿Qué decía la nota en el periódico?"

Sino, "¿Cuántos se apenaron cuando él murió?

Muchos reciben consejos; sólo los sabios se benefician de ellos.

Por la soberbia sólo viene la contienda,
mas con los que reciben consejos
está la sabiduría.

Proverbios 13:10 (LBLA)

$\mathscr{D}$espués de una fuerte discusión que duró varias horas sobre qué tipo de tubería de agua comprar para su ciudad, el consejo del pueblo de Pacific Vista estaba aún sin poder llegar a un acuerdo. Un miembro sugirió:

—Señalemos un comité para reunirse con los ingenieros de la ciudad en Los Ángeles para averiguar qué tipo encontraron ellos que haya resultado mejor a través de los años. Si podemos beneficiarnos de los errores de otra ciudad, pienso que deberíamos hacerlo.

Saltando sobre sus pies, un miembro del consejo, obviamente lleno de orgullo cívico pero con poca discreción respondió, dando con su puño sobre la mesa:

—¿Por qué tenemos nosotros que beneficiarnos con los errores de Los Ángeles? Caballeros, ¡yo sostengo que Pacific Vista es un pueblo lo suficiente grande como para cometer sus propios errores!

La mayoría de nosotros estamos rodeados de buenos consejos en cualquier momento dado.

- Los libros de nuestras bibliotecas están llenos de ellos.

- Los pastores los proclaman cada semana.

- Las personas con gran variedad de experiencias y antecedentes tienen abundancia de ellos.

- Las escuelas te dan acceso a ellos; los laboratorios los reportan.

- Los comentaristas y columnistas los ofrecen a montón.

Pero todo el buen consejo del mundo contiene muy poco valor si es ignorado. Sé uno de los sabios; valora y aplica el consejo que recibes.

*La única forma de tener
un amigo es siéndolo.*

*El hombre de muchos amigos se arruina,
pero hay amigo más unido que un hermano.*

Proverbios 18:24 (LBLA)

$\mathcal{M}$ary Lennox "no era una niña afectuosa y nunca le importó mucho otra persona". Y no es de asombrarse; ignorada por sus padres y criada por sirvientes, ella no tenía ningún concepto de cómo era la vida fuera de la India. Otros niños la llamaban "Doña Mary bastante contradictoria", porque a ella no le gustaba compartir y siempre insistía en salirse con la suya.

Cuando Mary tenía nueve años de edad, sus padres murieron de cólera y ella fue enviada a vivir a la casa de su tío en Inglaterra. El cambio no hizo que mejorara su disposición. Ella esperaba que toda persona actuara al chasquido de sus dedos.

Con el tiempo, sin embargo, Mary comenzó a cambiar. Dándose cuenta de lo solitaria que estaba, pidió a un pájaro del jardín que fuera su amigo. Ella comenzó a tratar a su sirvienta con más respeto. Siendo cautivada por la candidez del hermano menor de la sirvienta, Dickson, y deseando con ansias su aprobación, Mary de repente solicitó su consejo. Ella incluso le reveló la localización de su jardín secreto. Con el tiempo, Mary convenció a su primo que era lisiado, Colin, a agarrarse de la vida con ambas manos. Ya en la última página de *The Secret Garden,* (El Jardín Secreto) la transformación de Mary es completa. Ella está contenta consigo misma y rodeada de amigos.

Para conseguir un amigo, primero tienes que tomar la decisión de ser amigo.

*El mundo quiere
lo mejor de ti, pero Dios
desea todo lo tuyo.*

*Amarás al Señor tu Dios con todo tu corazón,
y con toda tu alma, y con toda tu mente.*

Mateo 22:37 (LBLA)

En *The Great Divorce*, (El Gran Divorcio) de C.S. Lewis se cuenta la historia de un fantasma que llevaba una pequeña lagartija roja en su hombro. La lagartija de continuo movía su cola y le susurraba al fantasma, quien todo el tiempo le instaba a que hiciera silencio. Cuando una presencia brillante y resplandeciente apareció y le ofreció al fantasma aliviarlo de su incómodo "equipaje", el fantasma rehusó. Él sabía que para hacer callar a la lagartija, era necesario matarla.

Una serie de razonamientos comenzaron. El fantasma consideraba que quizá la lagartija no necesitaba morir sino que en su lugar podría ser entrenada, reprimida, puesta a dormir, o removida poco a poco. La presencia brillante respondió que el único recurso era todo o nada.

Al fin, el fantasma autoriza a la presencia a quitarle la lagartija de encima. La presencia le rompe la espalda a la lagartija cuando la tira al piso. En ese momento, el fantasma se convierte en un hombre de carne y sangre, y la lagartija en un hermoso caballo dorado y plateado, una criatura de poder y belleza. El hombre salta sobre el gran caballo, y salen trotando hacia la salida del sol como si fueran uno.

Lewis termina diciendo, "¿Qué es una lagartija comparada con un caballo?" La lascivia es pobre, débil, flácida, algo que susurra comparado con ese deseo rico y lleno de energía que se levantará cuando la lascivia haya sido muerta.

*Cuando entregas a Dios
tu todo, te colocas en posición
de recibir Su todo.*

*Id por todo el mundo
y predicad el evangelio a toda criatura.*

Marcos 16:15 (LBLA)

*S*e cuenta la historia de un pequeño perro que fue golpeado por un automóvil y echado a un lado de la carretera. Un médico, que justo estaba conduciendo por allí, notó que el perro aún vivía, así que detuvo su automóvil, recogió al perro y lo llevó a casa con él. Descubrió que el perro había sufrido unas cortaduras y golpes de menor importancia. Reviviendo al perro, el médico limpió sus heridas, luego lo cargó hasta el garaje, donde tenía la intención de proveerle albergue temporal.

Sin embargo, el perro se soltó de sus brazos, brincó al suelo y salió corriendo. "Qué perro más ingrato" —dijo el doctor para sí. Le causaba alegría que el perro se recuperara tan rápido, pero estaba un poco molesto de que el animal mostrara tan poco aprecio por su suave y experto cuidado.

No pensó más sobre el incidente hasta la noche siguiente, cuando escuchó unos arañazos en su puerta delantera. Al abrir la puerta, encontró al pequeño perro que había cuidado. ¡A su lado había otro perro herido!

¡Ten buen ánimo! Puede que nunca veas la diferencia que haces en la vida de otra persona, o la diferencia que la persona pueda hacer en la vida de los demás, no obstante, aquellos con quienes compartes el evangelio *nunca* serán iguales.

Ningún caballo llega a ninguna
parte si primero no se le
engancha el arreo.
Ninguna vida jamás crece
para ser algo grande
hasta que no ha logrado
su enfoque,
dedicación y disciplina.

*En una carrera varios son los que corren, pero sólo uno obtiene
el premio... Para ganar en una competencia
uno tiene que abstenerse de cualquier cosa que le impida
estar en las mejores condiciones físicas.*

1 Corintios 9:24-25 (BAD)

Charles Oakley, delantero del equipo de baloncesto New York Knicks y del equipo de Estrellas del NBA, tiene la reputación de ser uno de los mejores rebotadores en esa disciplina. Es su carácter sin embargo, lo que más ha contribuido a su sobresaliente carrera en los deportes.

Mientras otros jugadores profesionales parecen tener lesiones con frecuencia, o se quedan en el banco por otras razones, Oakley ha tenido muy pocas lesiones en sus trece años de carrera, aunque ha recibido un gran número de maltratos físicos en la cancha. A menudo él es empujado y penalizado por faltas. Acumula millas en cada juego corriendo de un lado a otro en la cancha. Con frecuencia se lanza hacia las gradas en busca de una pelota perdida, hasta el punto en que los medios de comunicación deportivos bromean con él diciendo que es un peligro en el trabajo. De acuerdo a Oakley, su tenacidad y energía tienen un origen: su abuelo, Julius Moss.

Moss era un granjero en Alabama que hacía en forma manual la mayor parte de su trabajo en el campo.

—Otras personas tenían más equipos que él —dice Oakley—. Él no tenía un tractor, pero hacía el trabajo. Sin excusas.

Moss, quien murió en 1990, desarrolló todo tipo de malestar y dolores en su vida, pero él se reía de ellos y seguía haciendo su trabajo. Oakley extrajo de ello una lección: nada debería obstaculizar que él se ganara su salario diario.

El estar concentrado, dedicado y disciplinado, hará la diferencia entre una vida mediocre y una gran vida.

Jamás he sido herido por algo que nunca dije.

En las muchas palabras,
la transgresión es inevitable,
mas el que refrena sus labios es prudente.

Proverbios 10:19 (LBLA)

$\mathcal{U}$n joven abogado, acabado de graduar del colegio de leyes y comenzando su primer día en el trabajo, se sentó en la comodidad de su nueva oficina dando un gran suspiro de satisfacción. Había trabajado duro por mucho tiempo para saborear ese momento. Entonces, notando un posible cliente que se acercaba a su puerta, comenzó a parecer ocupado y enérgico. Abrió su libreta tamaño legal y con su pluma de escribir en mano, tomó el teléfono, lo sujetó con su barbilla, y comenzó a escribir con rapidez mientras decía:

—Mira Larry, en cuanto a ese trato de fusión, pienso que mejor me llego a la factoría y lo manejo en persona. Sí. No. No pienso que tres millones de dólares lo logren. Mejor hagamos que Smith, de Los Ángeles, se reúna con nosotros allí. Está bien. Te llamo más tarde.

Colgando el teléfono, colocó la pluma en el escritorio, levantó la mirada a su visitante, se puso de pie, le extendió su mano y le dijo con la voz más cortés y llena de confianza que tenía como abogado:

—Buenos días. ¿Cómo puedo ayudarlo?

El posible cliente respondió:

—En realidad, solo estoy aquí para conectar su teléfono.

Muchas de las debilidades o fallas
No necesitan ser mostradas ... es decir
Si tú no las dices,
¡Otros no las sabrán!

Hay un viejo adagio que dice, "Una boca cerrada no recoge alimento". En ocasiones lo mejor es, ¡mantener tu boca cerrada!

Con demasiada frecuencia
amamos las cosas y usamos
a las personas, cuando
debiéramos usar las cosas
y amar a las personas.

Sed afectuosos unos con otros con amor fraternal;
con honra, daos preferencia unos a otros.

Romanos 12:10 (LBLA)

$\mathcal{U}$n día, un niño en el campamento de verano recibió una caja de galletitas de parte de su mamá. Comió algunas, luego puso la caja debajo de su cama. Al día siguiente, descubrió que las galletitas ya no estaban. Más tarde, un consejero a quien le contaron sobre el robo, vio a un niño sentado detrás de un árbol comiendo las galletitas robadas. Buscó a la víctima y le dijo:

—Bill, sé quién te robó tus galletitas. ¿Me ayudarías a enseñarle una lección?

El niño respondió:

—Bueno, supongo que sí, ¿pero no va a castigarlo?

El consejero le dijo:

—No de forma directa, eso solo lo haría odiarte. Yo tengo una idea. Pero, primero quiero que le pidas a tu mamá que te envíe unas cuantas galletitas más.

El muchacho hizo como se lo había pedido su consejero y unos días más tarde, llegó otra caja de galletitas.

El consejero luego le dijo:

—El niño que robó tus galletitas está junto al lago. Sugiero que vayas hasta allí y compartas tus galletitas con él.

El niño protestó:

—¡Pero él robó mis primeras galletitas!

El consejero le dijo:

—Lo sé, veamos qué sucede.

Una hora más tarde, el consejero vio a los muchachos subir por la colina hasta donde él estaba, el ladrón tratando con diligencia de darle su compás como pago por las galletitas que robó y la víctima rehusando con firmeza, ¡diciéndole que unas cuantas galletitas viejas, no era algo de tanta importancia!

A menudo la mejor forma de "vengarse de alguien" es mostrándole el amor de Dios. Por lo general puedes hacer un amigo en el proceso.

*Cuando huyas de las
tentaciones, no dejes
tu dirección
de remitente.*

Huye, pues, de las pasiones juveniles
y sigue la justicia... con los que invocan
al Señor con un corazón puro.

2 Timoteo 2:22 (LBLA)

Velázquez Polk y Janet Kuzmaak, crecieron en Portland, Oregon, pero no pudieron ser más diferentes el uno del otro. Polk era un muchacho de la calle, tosco que se unió a una ganga a la edad de diez años y con el tiempo fue arrestado por vender drogas.

Kuzmaak era una estudiante del grupo de honor de un vecindario de clase alta. En 1980, la hermana de Kuzmaak fue violada y asesinada por estrangulación. Las autoridades nunca encontraron a su asesino. Ella llegó a considerar a todo criminal como el asesino de su hermana.

Kuzmaak, con el tiempo, se hizo enfermera de un centro médico principal. Polk, puesto en libertad de la cárcel en 1990, recibió un trabajo como su asistente de cirugía. Ella estaba furiosa. No creía en la rehabilitación de los criminales. No obstante, notaba que cuando los amigos de la ganga de Polk intentaban atraerlo para que volviera a unírseles, él rehusaba. Él dijo a Kuzmaak que quería huir de su vieja vida y enrolarse a un programa para convertirse en asistente de enfermero. Recordó que su hermana en una ocasión se había hecho amiga de un hombre bajo libertad condicional, así que presionó al hospital para que pagara la matrícula de Polk mientras ella continuaba observándolo.

Hoy, ella y Polk son mejores amigos. Ella lo ayudó a conseguir la entrada en un mundo que en una época él no sabía ni que existiese. Él la ayudó a suavizar la amargura que en un tiempo envenenó su corazón.

El cambio y crecimiento son siempre cosas posibles, si primero te alejas del mal, y determinas no regresar.

Aquello que no te gusta en otra persona, toma cuidado de corregirlo en ti mismo.

¿Y por qué miras la mota que está en el ojo de tu hermano, y no te das cuenta de la viga que está en tu propio ojo?

Mateo 7:3 (LBLA)

$\mathcal{E}$n *A Closer Walk* (Una caminata íntima) Catherine Marshall escribe: "Una mañana de la semana pasada Él me dio una tarea: durante un día yo tenía que entrar en un 'ayuno' de criticar. No debía criticar a nadie, sobre ningún asunto.

"Durante la primera mitad del día, sencillamente sentí un vacío, casi como si me hubiese aniquilado como persona. Esto fue cierto en especial en el momento del almuerzo... Escuché a los demás y mantuve silencio... En nuestra familia habladora, nadie pareció notarlo. Desconcertada noté que mis comentarios no fueron extrañados. El gobierno federal, el sistema judicial y la iglesia institucional parecían poder seguir bien su curso sin mis penetrantes observaciones. Aún no veía el propósito de este ayuno de crítica hasta que llegó la tarde.

"Esa tarde, una visión para esta vida, específica, positiva, penetró en mi mente, con el sello inconfundible de Dios en ella, ¡el gozo! Las ideas comenzaron a fluir como no lo había experimentado en años. Ahora era obvio lo que el Señor deseaba que yo viera. Mi naturaleza crítica no había corregido ni una de las numerosas cosas en las que yo encontraba falta. Lo que había logrado era sofocar mi propia creatividad".

Antes que seas tentado a criticar a otra persona, examina tu propia vida. Aunque puede que no cometas el mismo acto o tengas el mismo hábito que estás a punto de criticar, posiblemente tienes algún comportamiento que pudiera ser criticado. ¡No sofoques tu creatividad con la crítica!

Apunta a la luna.
Incluso cuando falles,
llegarás a las estrellas.

Sed perfectos.
2 Corintios 13:11 (LBLA)

*U*n joven que estaba confundido sobre su futuro y en un dilema sobre qué dirección tomaría su vida, se sentó en un parque a mirar las ardillas corretear entre los árboles. De momento, una ardilla brincó de un árbol alto hacia el otro. Parecía estar dirigiéndose hacia una rama muy lejana para lograr que su salto pareciera suicida. Tal y como el joven imaginaba, la ardilla no logró su meta pero aterrizó, salva y despreocupada, en una rama varios pies más abajo. Luego subió hasta su meta y todo salió bien.

Un hombre mayor que estaba sentado en el otro lado del banco, comentó: —Gracioso, yo he visto cientos de ellas brincar así, en especial cuando hay perros por todo alrededor y no pueden bajar al suelo. Muchas no lo logran, pero nunca he visto a ninguna resultar herida por tratar.

Luego riéndose entre dientes añadió:

—Me imagino que ellas tienen que arriesgarse si es que no quieren pasar toda su vida en un solo árbol.

El joven pensó. Una ardilla se arriesga. ¿Tengo yo acaso menos valor que una ardilla? En ese momento, decidió tomar el riesgo que había estado considerando. Por cierto, aterrizó seguro, en una posición más alta que la que él ni siquiera pudo imaginar.

¿A qué sueño estás apuntando? ¿Te parece fuera de tu alcance? Da un paso de fe. Dios siempre te sostendrá si te caes.

El secreto del éxito es hacer las cosas comunes, extraordinariamente bien.

¿Has visto un hombre diestro en su trabajo? Estará delante de los reyes; no estará delante de hombres sin importancia.

Proverbios 22:29

$\mathcal{E}$l ayudar a los sordos a comunicarse era la motivación del trabajo de la vida de Alexander Graham Bell, quizá porque su mamá y su esposa, ambas, eran sordas. "Si yo puedo hacer que un sordomudo hable —decía Bell—, puedo hacer que un metal hable. Durante cinco frustrantes y empobrecidos años, él experimentó con una variedad de materiales en un esfuerzo por hacer un disco de metal que vibrara en respuesta a sonidos, pudiera reproducir esos sonidos y enviarlos a través de un cable eléctrico.

Durante una visita a Washington, D. C., llamó a Joseph Henry, un científico que era pionero en investigación relacionada con la electricidad. Le presentó sus ideas y le pidió consejo: ¿Debería él dejar que otra persona perfeccionara el teléfono o debería hacerlo él mismo? Henry lo animó a que él mismo lo hiciera, a lo que Bell se quejó de no tener el conocimiento necesario de electricidad. La breve solución de Henry fue, "consíguelo".

Entonces Bell estudió electricidad. Un año después al obtener la patente para el teléfono, los oficiales en la oficina de patentes lo acreditaron a él con mayor conocimiento sobre electricidad que todos los otros inventores de su época en conjunto.

Arduo trabajo, estudio, esperanza, persistencia. Estas son todas "cosas comunes". Sin embargo, ellas son clave para obrar extraordinariamente bien.

Definición de categoría:
Comprar algo que no necesitas,
con el dinero que no tienes,
para impresionar a personas
que no te gustan.

Sino que hacen todas sus obras
para ser vistos por los hombres.

Mateo 23:5 (LBLA)

Guy de Maupassant escribió The Necklace (El collar de piedras) y es la historia de una jovencita, Matilde, que deseaba con desesperación ser aceptada en la alta sociedad. Un día su esposo, un hombre común, recibe una invitación para una fiesta elegante. Matilde pide prestado un collar de una amiga rica para usarlo en la ocasión. En el transcurso de la noche, ella recibe muchos elogios de la aristocracia presente. Desafortunadamente, más tarde, ella se da cuenta de que había perdido el collar.

Para poder recuperar la joya perdida, el esposo de Matilde pide prestado 36,000 francos, recurriendo a todo recurso disponible a él. Se crea una imitación del collar y Matilde lo entrega a su amiga, sin decirle lo sucedido.

Durante diez años, la pareja trabaja como esclavos para devolver los francos prestados, cada uno de ellos con dos trabajos. Se ven obligados a vender su casa y vivir en un barrio pobre. Un día después de que al fin la deuda fue pagada, Matilde se encuentra con su amiga acomodada. Le confiesa que el collar que ella devolvió no era el que le había sido prestado, ¡y se entera de que el collar que le fue prestado a ella estaba hecho de piedras falsas! El collar que pidió prestado tenía un valor menor de 500 francos.

Intentar "mantener las apariencias" casi siempre te lleva a "caerte de bruces".

Prefiero los sueños del futuro a la historia del pasado.

No recordéis las cosas anteriores, ni consideréis las cosas del pasado. He aquí, hago algo nuevo.

Isaías 43:18-19 (LBLA)

$\mathcal{U}$n hombre llevó una vez a su hija de tres años de edad a un parque de diversiones. Era su primera visita a un lugar así, y ella estaba asombrada de lo que veía y escuchaba, pero más que nada estaba emocionada por las vueltas y zumbidos de los aparatos. Rogó a su papá que la dejara montar en un aparato en particular, aunque era considerado el que más "miedo" infundía a los niños de su edad.

Mientras ella a toda prisa doblaba la esquina en su pequeño carrito, de momento arrugó su rostro y se soltó de las manos dando un grito aterrador. Su padre, quien montaba el carro con ella, luchó para llamar su atención. Con una gran sonrisa, él le gritó por encima del ruido del aparato, "¡Esto es divertido!" Cuando la pequeña vio que él no tenía miedo, comenzó a reírse. La nueva experiencia que al principio era aterradora de momento se volvió agradable. ¡De hecho, ella insistió en montar el mismo aparato tres veces más!

¡Qué consuelo es saber que nuestro Padre celestial no solo nos acompaña en las nuevas vueltas de la vida, sino que el futuro nunca le infunde temor! Él tiene buenas cosas planeadas para nosotros. Cuando miramos al futuro desde nuestra perspectiva, puede que nos asustemos. Pero al hacerlo desde la perspectiva de Dios, es mucho más probable que gritemos: "¡Adelante! ¿No crees que esto será divertido?"

La manera de llegar a la cima es salirse del fondo.

¿Hasta cuándo, perezoso, estarás acostado?
¿Cuándo te levantarás de tu sueño?

Proverbios 6:9 (LBLA)

$\mathcal{U}$n día, en el otoño de 1894, Guglielmo se retiró a su habitación en el tercer piso de la casa de sus padres. Se había pasado todas sus vacaciones de verano leyendo libros y llenando libretas con diagramas garabateados. Ahora había llegado el momento de trabajar.

Se levantaba temprano cada mañana. Trabajaba todo el día y hasta entrada la noche, hasta el punto en que su mamá comenzó a alarmarse. Él nunca había sido una persona robusta, ahora estaba terriblemente delgado. Su rostro estaba demacrado y sus ojos a menudo brillaban por la fatiga.

Al fin, llegó el día cuando anunció que sus instrumentos estaban listos. Invitó a la familia a su habitación y oprimiendo un botón, tuvo éxito en hacer sonar una campana en el primer piso. Mientras que su mamá estaba asombrada, su padre no. Él no vio ningún uso en poder enviar una señal a tan corta distancia. Así que Guglielmo siguió trabajando. Poco a poco, hizo cambios en su invención para poder enviar una señal desde una colina hasta la otra, y luego más allá de la colina. Con el tiempo, su invento fue perfeccionado, en parte por inspiración, pero en su mayoría por perseverancia.

Guglielmo Marconi con el tiempo fue alabado como el inventor del telégrafo inalámbrico, el precursor de la radio. No solo recibió un premio Nobel en física por sus esfuerzos, sino también una silla en el Senado italiano y muchos grados y títulos honorarios.

Tú puedes lograr cualquier cosa que te propongas, si combinas tu visión con arduo trabajo.

Eres en verdad tal y como te
comportas cuando nadie
te está mirando.

No para ser vistos, como los que quieren agradar
a los hombres, sino como siervos de Cristo,
haciendo de corazón la voluntad de Dios.

Efesios 6:6 (LBLA)

Joe Smith era un carpintero leal, que trabajó casi dos décadas para un contratista de éxito. El contratista le llamó a su oficina un día y le dijo:

—Joe, te estoy poniendo a cargo de la próxima casa que construyamos. Deseo que ordenes todos los materiales y supervises el trabajo desde el comienzo.

Joe aceptó la tarea con gran entusiasmo. Estudió los planos y revisó cada medida y especificación. De momento, tuvo una idea. *Si yo estoy de verdad a cargo, ¿por qué no puedo hacer algunos ahorros, usar menos materiales caros, y poner el dinero que sobra en mi bolsillo? ¿Quién lo sabrá?* Una vez que la casa esté pintada, se verá tremenda.

Entonces Joe se preparó para su plan. Ordenó madera de segunda clase y concreto barato, puso cablería barata y ahorró en cada cosa que pudo. Cuando la casa fue terminada, el contratista vino a verlo.

—¡Qué buen trabajo has hecho! —le dijo—. Has sido un carpintero tan fiel conmigo todos estos años, que he decidido mostrarte mi gratitud regalándote esta casa.

Edifica bien hoy. Tendrás que vivir con el carácter y la reputación que construyas.

Hay momentos en que el silencio
es oro, en otras ocasiones
es solo dorado.

Hay un tiempo señalado para todo,...
tiempo de callar, y tiempo de hablar.
Eclesiastés 3:1,7 (LBLA)

De acuerdo a una antigua fábula, tres hombres en una ocasión decidieron entrar en la práctica religiosa de absoluto silencio. Ellos, de forma mutua, acordaron mantener un "día de silencio" desde el amanecer hasta la medianoche, momento en que se esperaba la aparición en el horizonte de la luna llena. Se sentaron con las piernas cruzadas durante horas, concentrándose en el distante horizonte, ansiosos de que la oscuridad los envolviera.

Uno de ellos sin querer observó:

—Es difícil no decir nada en absoluto.

El segundo respondió:

—Silencio. ¡Estás hablando durante el tiempo de silencio!

El tercer hombre suspiró y luego alardeó:

—¡Ahora yo soy el único que no he hablado!

Un cantante de rap ha puesto al día algunos de los consejos dados por el libro de Eclesiastés:

Hay tiempo para hablar y tiempo para callar.

Hay tiempo para tener hambre y tiempo para ir al centro de la ciudad.

Hay tiempo para conversar y tiempo para caminar.

Hay tiempo para ser meloso y tiempo para no ser miedoso.

El silencio puede ser bueno, pero nunca si es el resultado de puro temor o falta de fibra moral.

Un amigo verdadero nunca se
atraviesa en tu camino
a menos que estés cayendo
hacia abajo.

Porque si uno de ellos cae, el otro levantará
a su compañero; pero ¡ay del que cae
cuando no hay otro que lo levante!
Eclesiastés 4:10 (LBLA)

En Life's Bottom Line, (El fondo de la vida) Richard Exley escribe:

"Varias semanas atrás yo estaba agonizando sobre una situación en la que tuve que disciplinar a un hombre. Aunque sentía que había hecho lo correcto y del modo cabal, yo aún sufría por él. A medida que luchaba con mis sentimientos en oración, sentí al Señor hablándome y escribí:

"Hijo mío, el poder es algo peligroso, y siempre tiene que ser mitigado con mi amor eterno. Haré que sientas el dolor de mi disciplina incluso cuando se aplica en otra persona. Sentirás cada punzada del latigazo en tu propia carne. Tienes que hacerlo, o en tu celo sobrepasarás límites. Te lamentarás incluso como Samuel por Saúl. Sin embargo, también te haré sentir el terrible dolor de su pecado, porque si no lo experimentas, te retractarás de administrar la disciplina del Señor."

Exley concluye: "El enfrentamiento es inevitablemente necesario. Una relación pocas veces alcanza su total potencial sin él; pero está casi siempre destinada a fracasar a menos que nazca de una profunda confianza edificada sobre comunicación honesta... Es importante en extremo, cuidar de crear un lugar sólido de afirmación y aceptación, donde una persona pueda estar segura, una y otra vez, de nuestro amor. Incluso entonces, el enfrentamiento será arriesgado y debiera ser abordado solo después de que hayamos preparado con cuidado nuestros corazones delante del Señor".

A un verdadero amigo le importas lo suficiente como para decirte cuándo vas por el camino equivocado. No tengas temor de confrontar a un amigo, y está dispuesto a escuchar cuando un amigo te confronta a ti. La razón por la que Dios nos da los amigos es para ayudarnos a crecer.

Cada trabajo es un autorretrato de la persona que lo hace. Estampa tu firma en tu trabajo con excelencia.

Pero este mismo Daniel sobresalía entre los funcionarios y sátrapas porque había en él un espíritu extraordinario.

Daniel 6:3 (LBLA)

$\mathcal{H}$ace mucho tiempo, una banda de trovadores vivía en una tierra lejana. Viajaban de pueblo en pueblo, cantando y tocando su música con la esperanza de ganarse así la vida. Las cosas no les iban muy bien en el aspecto financiero. Los tiempos eran difíciles y las personas comunes tenían poco dinero para gastar en conciertos, aunque su tarifa era pequeña.

El grupo se reunió una noche para discutir su situación.

—No veo ninguna razón para abrir esta noche —dijo uno—. Está nevando, y nadie va a salir en una noche como ésta.

Otro dijo:

—Yo estoy de acuerdo. Anoche tocamos apenas para un puñado de personas. Esta noche vendrán menos.

El líder teatral respondió:

—Sé que están desanimados. Yo también. No obstante, tenemos una responsabilidad para con aquellos que puedan venir. Seguiremos adelante y haremos el mejor trabajo que seamos capaces de hacer. No es culpa de aquellos que vienen que otros no vengan. Ellos no debieran ser castigados con algo inferior a nuestro mejor esfuerzo.

Conmovidos por sus palabras, los trovadores ofrecieron su mejor actuación. Después del programa, el anciano llamó a sus trovadores otra vez. En su mano estaba una nota, enviada por uno de los miembros de la audiencia justo antes que la puerta se cerrara tras él. Despacio, el hombre leyó, "Gracias por una hermosa actuación". Había sido firmada con sencillez, "Tu Rey".

Todo lo que haces, es presentado delante de tu rey, el Rey de reyes. ¿Son acaso tus palabras y obras dignas de su audiencia?

Las mejores cosas de la vida,
no son gratis.

Sabiendo que no fuisteis redimidos... con cosas
perecederas, como oro o plata, sino con sangre
preciosa, como de un cordero sin tacha
y sin mancha, la sangre de Cristo.

1 Pedro 1:18-19 (LBLA)

Durante años, Arthur Blessit ha llevado una cruz sobre sus hombros, de seis por diez pies de largo y ochenta libras, a través de pueblos y ciudades alrededor del mundo. "Esto confunde a las personas" —cuenta él. Una vez que ha conseguido la atención de las personas, encuentra que tiene una oportunidad única para compartir el Evangelio.

Blessit fue bien conocido al principio por predicarle a los hippies de Sunset Strip en Hollywood. El recibió atención nacional cuando hizo un viaje cargando la cruz, junto a cuatro miembros de su grupo de rock, el Eternal Rush, hasta Washington, D.C. El viaje de 3,500 millas duró siete meses.

En el transcurso de los viajes, ellos sostenían reuniones. Blessit exhortaba a sus compañeros cristianos a reunirse con él en el Monumento a Washington al final de su marcha, pero no con las manos vacías.

"Los cristianos necesitan venir y dar algo —él predicaba. Pidió que las personas trajeran o enviaran dos regalos para los necesitados de la nación, regalos dados libremente con las "dos manos". Aquellos que fueron a la capital a encontrarse con él tuvieron una tercera oportunidad de dar. Este regalo era para ser entregado con un corazón y una vena abierta, en un automóvil para donaciones de sangre, estacionado en el lugar.

Mientras el mensaje del evangelio es gratis para todo el que desee recibirlo, el entregarlo cuesta y ¡continúa costando mucho!

Puedes guiar a un joven
a la universidad, pero no puedes
hacer que él piense.

¿De qué sirve el precio en la mano del necio para
comprar sabiduría cuando no tiene entendimiento?

Proverbios 17:16 (LBLA)

En Princeton, Woodrow Wilson fue primero maestro y luego, presidente de la universidad. Aunque él era popular entre los estudiantes, tenía reputación de tomar medidas enérgicas con los estudiantes que no tomaban en serio su búsqueda de una educación.

La mamá de un jovencito que fue expulsado por hacer fraude, dio un viaje a Princeton para hablar con Wilson. Ella le rogó para que reincorporara a su hijo, a causa de la posible reacción adversa que pudiera tener esta expulsión en su propia salud y reputación. Ella le contó de una cirugía inminente y le dijo que sentía de seguro que moriría si su hijo no fuera readmitido. Wilson escuchó sus ruegos y luego respondió, tomando una postura muy firme:

"Señora, usted me obliga a decir algo muy duro. Si tuviera que escoger entre su vida o la mía o la vida de cualquier persona y el bienestar de esta universidad, yo escogería el bienestar de esta universidad."

Fallar en los estudios y en ponerlos en práctica con ahínco es una forma de rebelión. Lo mismo es con la actitud fraudulenta. Haz tu mejor esfuerzo en el colegio. No culpes a un maestro por ser demasiado fuerte contigo, cuando la responsabilidad en realidad radica en que tú eres demasiado suave contigo mismo. ¡Aprende a ser un pensador!

Si un hombre no puede ser
un cristiano en el lugar
donde se encuentra, no puede
serlo en ninguna parte.

*No para ser vistos, como los que quieren agradar a los
hombres, sino como siervos de Cristo, haciendo de
corazón la voluntad de Dios. Servid de buena voluntad,
como al Señor y no a los hombres.*

Efesios 6:6-7 (LBLA)

$\mathcal{E}$n una extensa encuesta, *The Day America Told the Truth*, James Patterson y Peter Kim reportaron algunos sorprendentes descubrimientos:

- Solo 13% vio los Diez Mandamientos como algo relevante y que debe ser cumplido.

- 91% mentía con regularidad, tanto en el trabajo como en la casa.

- La mayoría de los trabajadores admitieron que holgazaneaban un promedio de siete horas a la semana.

- Alrededor de la mitad de la fuerza laboral admitió que llamaban con frecuencia para reportar enfermedad, incluso cuando se sentían bien.

Cuando se les preguntó qué estarían dispuestos a hacer por diez millones de dólares, 25% respondió que abandonaría a sus familiares, 23% se prostituiría por una semana, ¡y 7% asesinaría a un extraño!

A menos que usted llegue a la conclusión de que los entrevistados eran criminales impíos, otros dos estadísticos, Doug Sherman y William Hendricks, encontraron que los cristianos eran casi tan propensos como los no creyentes para robar del lugar de empleo, falsificar su declaración de impuestos y obedecer las leyes de modo selectivo.

Para proclamar en realidad que uno es cristiano, la persona tiene que hacer mucho más que ir a la iglesia ocasionalmente. Él o ella tiene que luchar por ser como Cristo las veinticuatro horas del día, los 365 días del año, en todas las situaciones y circunstancias.

Se necesita más habilidad que la imaginable para tocar bien un violín como acompañamiento.

Vosotros, pues, orad de esta manera:... Venga tu reino. Hágase tu voluntad, así en la tierra como en el cielo.

Mateo 6:9-10 (LBLA)

*U*na noche durante una reunión de oración, una mujer mayor rogaba:

"En realidad no importa lo que Tú hagas con nosotros, Señor, solo haz tu voluntad en nuestras vidas". Adelaide Pollard, una maestra ambulante y conocedora de la Biblia, escuchó su oración. En el momento, ella se sentía profundamente desanimada porque no había podido reunir el dinero que necesitaba para ir a África a un servicio misionero. Se conmovió ante la sincera petición de esta mujer a Dios, y cuando regresó a su casa esa noche, se puso a meditar en Jeremías 18:3-4:

Entonces descendí a casa del alfarero, y he aquí, estaba allí haciendo un trabajo sobre la rueda. Y la vasija de barro que estaba haciendo se echó a perder en la mano del alfarero; así que volvió a hacer de ella otra vasija, según le pareció mejor al alfarero hacerla.

Antes de retirarse, Adelaide tomó pluma en mano y escribió con formato de himno su propia oración:

"¡Haz tu voluntad, Señor! ¡Haz tu voluntad! Tú eres el alfarero, y yo el barro. Moldéame y hazme conforme a tu voluntad, mientras estoy en espera, cediendo y quieta.

¡Haz tu voluntad, Señor! ¡Haz tu voluntad! Escudríñame y pruébame, hoy, Maestro! Más blanco que la nieve, Señor, límpiame ahora, mientras en tu presencia con humildad me postro".

La mejor forma de descubrir el propósito para tu vida y cómo ejecutarlo es entregando toda tu vida a Dios. Entonces él puede llevar a cabo su plan para ti.

Un hombre nunca demuestra
su propio carácter con tanta
claridad como cuando él describe
el de otra persona.

Pedid, y se os dará; buscad, y hallaréis;
llamad, y se os abrirá.

Mateo 7:7 (LBLA)

$\mathcal{E}$n 1970, Wally comenzó a hornear galletitas de chocolate para sus amistades usando una receta y procedimiento recibido de su tía Della. Por cinco años, regaló todas las galletitas que horneó, incluso cuando a menudo las personas le decían que sus galletitas eran tan buenas que él debiera entrar en un negocio y venderlas. Sin embargo Wally tenía otra idea. Estaba determinado en convertirse en un gran administrador de estrellas del mundo del espectáculo.

Entonces un día, una amiga, B. J. Gilmore, le dijo que ella tenía una amiga que podía poner el dinero para un negocio de hacer galletitas. Su amiga nunca hizo la inversión, pero Wally se puso de acuerdo con algunos de sus amigos, incluyendo a Jeff Wall, Helen Reddy, y Marvin Gaye, para reunir algún dinero. Entonces Wally estaba encaminado.

En un principio, solo tenía intención de abrir una tienda en Sunset Boulevard, que le reportara lo suficiente "para vivir". Después de todo, su tienda era la única en el mundo dedicada a la venta de galletitas de chocolate exclusivamente. El negocio creció de la noche a la mañana. "Las famosas galletitas de chocolate Amos" de Wally eran distribuidas alrededor del mundo. Wally mismo se convirtió en vocero para otros productos, desde huevos hasta líneas aéreas, y compañía de teléfono. Mientras él en una época soñaba con administrar estrellas, ¡ahora era una de ellas, por propio derecho!

En ocasiones los sueños vienen por la puerta trasera.

¡Mantenla sin cerrojo!

*El mejor uso de la vida
es en algo que perdure
más que ella.*

El que recoge en el verano es hijo sabio, el que se duerme
durante la siega es hijo que avergüenza.

Proverbio 10:5 (LBLA)

$\mathcal{U}$na antigua leyenda relata cómo Satanás en una ocasión citó a tres de sus principales ayudantes a una reunión para elaborar un plan para detener de forma efectiva a un grupo particular de cristianos. Uno de sus ayudantes, Resentimiento, propuso:

—Deberíamos convencerlos de que no existe Dios.

Satanás miró con desdén a Resentimiento y respondió:

—Eso nunca funcionaría. Ellos saben que hay un Dios.

Amargura entonces habló:

—Los convenceremos de que en realidad a Dios no le importa la diferencia entre el bien y el mal.

Satanás pensó al respecto por unos momentos, entonces, rechazó la idea. Y al fin dijo:

—Demasiados saben que a Dios sí le importa.

Malicia entonces manifestó su propuesta.

—Los dejaremos que sigan pensando que hay un Dios y que a él le importa la diferencia entre el bien y el mal. Pero seguiremos susurrándoles al oído que no hay que tener prisa, no hay apuro, no hay apuro.

¡Satanás dio un aullido de deleite! Se adoptó el plan, y Malicia fue promovido a una posición de nivel más alto en la malévola jerarquía de Satanás.

Quién puede decir cuántas almas se han perdido o vidas han sido dolorosamente heridas porque alguien se aferró a la común aceptada noción: *La tardanza es permitida.*

La obra de todo hombre,
ya sea literatura, música,
pintura, arquitectura
o cualquier cosa, siempre
es un retrato de sí mismo.

La alegría del Señor es vuestra fortaleza.
Nehemías 8:10 (LBLA)

Después de años de trabajar en Roma, en esculturas de tamaño natural, Miguel Ángel fue a Florencia, donde un gran bloque de mármol de Carrara de un blanco espléndido, había sido obtenido para una estatua colosal. En semanas él firmó un acuerdo para completar su interpretación de David para la catedral. Con el contrato en mano, comenzó de inmediato, trabajando con tal energía que a menudo dormía con sus ropas puestas, molestándole el tiempo que tomaba el quitárselas y ponérselas de nuevo. Examinó sin faltas y midió a precisión el mármol para ver qué pose podría acomodar. Hizo bosquejos de posibles actitudes y con cuidado, trazó dibujos detallados de modelos. El probó sus ideas a pequeña escala con cera. Cuando al fin quedó satisfecho con su diseño, levantó su cincel y mazo.

Miguel Ángel planeó pintar el techo de la Capilla Sixtina con la misma intensidad. Apenas le tomó un mes para desarrollar el tema, luego se lanzó con furor hacia el diseño final, construyendo andamios y contratando ayudantes. Acostándose en ángulos incómodos sobre duras tablas, respirando el sofocante aire que estaba justo debajo de la cripta, el polvo del yeso irritando sus ojos y piel, pasó la mayoría de los siguientes cuatro años, literalmente transpirando en angustia física mientras trabajaba.

¡Que tú puedas hacer tu trabajo con el mismo entusiasmo apasionado!

Lo que hagamos en una
gran ocasión posiblemente
dependerá de lo que ya somos;
y lo que somos es el resultado
de años preciosos de
autodisciplina.

Es mejor refugiarse en el Señor
que confiar en el hombre.

Salmo 118:8 (LBLA)

$\mathcal{M}$arian tenía sus esperanzas puestas en llegar a ser una cantante de concierto, un reto que era doblemente difícil a causa del color de su piel. Su mamá, sin embargo, tenía una paciente confianza en Dios. Marian nos cuenta después:

"La religión de mamá le hizo creer que recibiría lo adecuado para ella si era esmerada en su fe. Si no sucedía, era porque Él no lo había considerado correcto para ella. Nosotros crecimos en esta atmósfera de fe que ella creó. ...Creímos como ella, porque deseábamos el mismo tipo de paz en el momento de la tormenta".

Cuando a Marian le negaron la admisión a un famoso concierto de música por causa de su raza, su mamá le dijo con calma que «alguien sería puesto» para ayudarla a lograr lo que había esperado hacer en el conservatorio. Ese alguien llegó unas pocas semanas después. Uno de los maestros de voz más prominentes de Filadelfia, Guiseppe Boghetti, le dio la oportunidad de ser una de sus estudiantes.

Marian Anderson estaba en camino a convertirse en una de las magníficas cantantes del siglo veinte. El domingo de Pascua de 1939, ella cantó para más de 75,000 personas reunidas frente al Monumento a Lincoln y dio una presentación que nunca será olvidada por aquellos que estuvieron presentes. Confiando su futuro a Dios, ella logró más de lo que hubiera podido soñar.

No importa la oposición que encuentres para alcanzar tu sueño, siempre recuerda que Dios está de tu parte.

Nuestras obras nos determinan, tanto como nosotros determinamos nuestras obras.

Aunque tu principio haya sido insignificante, con todo, tu final aumentará sobremanera.

Job 8:7 (LBLA)

A finales de la década de 1960, una pareja estaba de vacaciones en las montañas de California y notaron a un joven de agradable apariencia sentado en un puente cercano a su hotel. Día tras días lo veían sentado en el mismo lugar. Al principio, imaginaron que pescaba, pero después de mirar con más atención, se dieron cuenta de que no estaba haciendo nada, apenas sentado y mirando hacia el espacio. Al fin, el último día de sus vacaciones, no pudieron resistir más. Tuvieron que preguntarle:

—¿Por qué te sientas en ese lugar todo el día, todos los días?

Él respondió con una sonrisa:

—Sucede que yo creo en la reencarnación. Creo que he vivido muchas veces antes y que tendré muchas vidas después de esta. Así que esta la estoy pasando sentado.

En realidad, es imposible para alguno de nosotros estar "sentado" toda la vida. Cada día, nos movemos hacia delante o hacia atrás, volviéndonos más fuertes o más débiles, subiendo o bajando. Cada uno de nosotros comienza un nuevo día con una fresca oportunidad de cambiar "el punto de partida" de mañana.

Solo tienes una oportunidad para hacerlo. ¿Qué harás hoy para hacer tu mañana mejor?

*Lo que haces habla tan alto
que no puedo escuchar
lo que dices.*

*Cuando yo era niño, hablaba como niño,
pensaba como niño, razonaba como niño;
pero cuando llegué a ser hombre,
dejé las cosas de niño.*

1 Corintios 13:11 (LBLA)

Un número de definiciones de madurez han sido ofrecidas por expertos, pero estas quizá están entre las mejores comprendidas por la persona promedio:

Eres maduro cuando no solo deseas tener un cachorro propio, sino que te acuerdas de darle alimento y agua cada día.

Eres maduro cuando no solo sabes cómo vestirte, sino que también recuerdas poner la ropa sucia en el canasto después que te la quitaste.

Eres maduro cuando no eres solo capaz de usar el teléfono para llamar a un amigo, sino que también sabes hacer que tus llamadas sean breves para que otros tengan acceso al teléfono.

Eres maduro cuando no solo eres lo suficiente grande como para quedarte en casa a solas, sino también cuando se te puede confiar que estés en casa sin supervisión y con amigos.

Eres maduro cuando no solo eres lo suficiente mayor como para conducir el automóvil sin compañía, sino que también pagas la gasolina que usas.

Eres maduro cuando no solo eres lo suficiente mayor como para quedarte despierto hasta tarde, sino que también eres lo suficiente sabio como para irte a la cama temprano.

Mientras aprendas a aceptar más responsabilidades en tu vida, más crecerás en madurez. Con mayor responsabilidad y madurez, vienen mayores privilegios.

*Toda virtud se resume
en actuar con justicia.*

Porque el justo cae siete veces; y vuelve a levantarse.
Proverbios 24:16 (LBLA)

¡*L*a diferencia entre el éxito y el fracaso a menudo es la habilidad de levantarse una vez más que el número de tus caídas!

Moisés pudo haberse dado por vencido con facilidad. Él tuvo una niñez "interrumpida" y vivió con una familia de crianza. Tenía un temperamento fuerte, una lengua tartamuda y un historial criminal, cuando Dios lo llamó, al final aceptó.

Josué había visto la Tierra Prometida y luego fue forzado a deambular por el desierto durante cuarenta años con cobardes que no creyeron, como él creía, que podrían conquistar a sus enemigos y poseer la tierra. Pudo haberse entregado al desánimo, pero él estaba dispuesto a seguir cuando Dios dijera que siguieran.

Pedro tuvo un momento difícil haciendo la transición de pescador a pescador de hombres. Se hundió mientras trataba de caminar sobre el agua, fue fuertemente reprendido por Jesús por tratar de decirle a él lo que debía hacer y negó conocer a Jesús en esa hora cuando necesitaba más de él. Bien pudo haberse visto a sí mismo como un fracasado sin esperanzas. Pero cuando la oportunidad vino, para predicar el Evangelio ante miles en el día de Pentecostés, él respondió.

No importa lo que hayas hecho, qué error hayas cometido, tú no eres un fracaso hasta que no te hayas caído y rendido.

La gente más feliz
no necesariamente tiene
lo mejor de todo. Ellos hacen
lo mejor de las cosas.

*No que hable porque tenga escasez, pues he aprendido
a contentarme cualquiera que sea mi situación.
Todo lo puedo en Cristo que me fortalece.*

Filipenses 4:11,13 (LBLA)

Se cuenta una historia de gemelos idénticos: uno lleno de optimismo que a menudo solía decir: "¡Todo está saliendo color de rosas!" Y el otro, un pesimista triste y sin esperanza que de continuo esperaba que sucediera lo peor. Los padres preocupados por los gemelos trajeron a un psicólogo, con la esperanza de que él pudiera ayudarlos a balancear sus personalidades.

El psicólogo sugirió que en el próximo cumpleaños de los gemelos, los padres los pusieran en habitaciones separadas para abrir sus regalos.

—Denle al pesimista los mejores regalos que puedan comprar —les dijo el psicólogo—, y al optimista una caja de estiércol.

Los padres hicieron como se les dijo.

Cuando miraron a hurtadillas al gemelo pesimista, lo escucharon quejarse:

—No me gusta el color de este juguete. ¡Apuesto a que este juego se va a romper! No me gusta jugar a este juego. ¡Conozco a alguien que tiene uno mejor que este!

Atravesando de puntilla el pasillo, los padres miraron a hurtadillas y vieron a su hijo optimista, que con alegría tiraba al aire el estiércol. Se estaba riendo mientras decía:

—¡No puedes engañarme! ¡Donde hay tanto estiércol, tiene que haber un caballito!

¿Cómo estás mirando la vida hoy día? ¿Como un accidente que está esperando para suceder, o una bendición a punto de ser recibida?

Mantén compañía con hombres
buenos y a los hombres
buenos imitarás.

El hierro con hierro se afila,
y un hombre aguza a otro.
Proverbios 27:17 (LBLA)

$\mathcal{U}$n cirujano misionero en un hospital de la China le restauró la vista a un hombre que había estado ciego por cataratas. Pocas semanas después, para su asombro, cuarenta y ocho hombres ciegos se presentaron a la puerta de su hospital. Todos habían venido para ser curados. De forma increíble, estos hombres ciegos caminaron más de doscientas cincuenta millas desde un área remota de la China para llegar al hospital. Ellos viajaron asidos de una soga encadenada. Su guía e inspiración era el hombre que había sido curado.

El evangelista cristiano, el doctor J. Wilbur Chapman, al estudiar los Evangelios del Nuevo Testamento, llegó a la conclusión de que Jesús sanó unas cuarenta personas de forma personal y directa. De este número, treinta y cuatro fueron llevados a él por amigos o miembros de la familia, o Jesús fue llevado a la persona enferma. Apenas seis de las cuarentas personas sanadas en los Evangelios encontraron su camino hasta Jesús, o él a ellos, sin haber recibido asistencia de otra persona.

En los Evangelios, Jesús se refiere a sus seguidores como "amigos". Para ellos, él era un Amigo de amigos, más cercano que un hermano. No solo te vuelves como los amigos con los que te asocias, sino que cuando escoges andar con amigos que son como Jesús, te sorprenderás imitándolo a él más y más.

Aprende por experiencia,
preferiblemente
de la de los demás.

Estas cosas les sucedieron como ejemplo,
y fueron escritas como enseñanza para nosotros,
para quienes ha llegado el fin de los siglos.

1 Corintios 10:11 (LBLA)

$\mathcal{E}$l famoso general de la Segunda Guerra Mundial, George S. Patton, hijo, fue un ávido lector y estudiante de historia. Él le escribió a su hijo en 1944: "Para ser un soldado de éxito, tienes que conocer historia. Leerla de forma objetiva... En Sicilia decidí como resultado de mi información, observaciones y un sexto sentido que poseo, que el enemigo no tenía otro ataque a larga escala en su sistema. Aposté mi camisa en ello y tuve la razón". Su sexto sentido pudo muy bien haber sido formado por miles de horas de lectura de historia, de biografías y autobiografías.

Paralelos históricos estaban de continuo en la mente de Patton. Cuando él observó la situación en Normandía el 2 de julio de 1944, de inmediato le escribió a Eisenhower que el plan alemán de Schlieffen de 1914 pudiera ser aplicado. Un mes más tarde, una operación tal y como la descrita por él, llevó a los alemanes a la derrota en Normandía.

El libro que quizá influyó más a Patton fue uno de Ardant du Picque, *Battle Studies* (Análisis de batallas). Patton lo usó para ayudar a resolver el problema de hacer que la infantería avanzara en medio del fuego de la artillería enemiga. Él se lo recomendó a Eisenhower: "Primero lee *Battle Studies* por Du Pique (puedes conseguir un ejemplar en Leavenworth) luego fija tu mente en una solución".

La mayoría de los hombres de éxito en el mundo son ávidos lectores, en especial de biografías. Si tú estás interesado en tener éxito en la vida, sumérgete en las historias de vidas de personas de éxito. Aprenderás de sus errores y sus fracasos, tanto como de su éxitos y triunfos.

Muchos hombres tienen demasiada fuerza de voluntad. Es la voluntad y no el poder de lo que ellos carecen.

Como ciudad invadida y sin murallas es el hombre que no domina su espíritu.

Proverbios 25:28 (LBLA)

En *Sin, Sex and Self-Control* (Pecado, Sexo y Autocontrol), Norman Vincent Peale escribe: "Martha llevó a los niños a las montañas por un mes, así que yo quedé como un solterón en el verano. A la mitad del mes conocí a una muchacha, una hermosa muchacha que estaba en busca de aventuras. Ella me dejó entender con claridad que yo tenía luz verde... así que por un fin de semana yo puse mi conciencia en una bola de naftalina y acordé una reunión con ella para el sábado en la noche.

Me levanté temprano el sábado en la mañana con un poco de resaca; había estado jugando póquer hasta tarde la noche anterior. Decidí levantarme, ponerme mi traje de baño y caminar por la playa para aclarar mis pensamientos. Tomé un hacha conmigo, por causa de los escombros de una vieja barcaza que había sido barrida hasta la orilla de la playa y había mucha soga enredada que valía la pena salvar... Había algo sobre la frescura de la mañana y el sentir el hacha que me hacía desear seguir moviéndola. Así que comencé a cortar con ímpetu".

A medida que él cortaba, algo extraño comenzó a suceder. Él dice: "Me sentí como si estuviese fuera de mí mismo, mirándome a través de una neblina que se aclaraba poco a poco. Y de momento supe que lo planeado para esa noche estaba tan mal, tan fuera de tono con mis valores y mi lealtad y lo más íntimo de mi ser, que no tenía discusión". Canceló la cita.

¿Has ejercitado tu voluntad últimamente?

No es difícil tomar decisiones cuando conoces cuáles son tus valores.

Se propuso Daniel en su corazón no contaminarse.
Daniel 1:8 (LBLA)

*M*arshall Field en una ocasión ofreció doce recordatorios para ayudar a las personas a obtener un sentido sólido de valores:

1. El valor del tiempo.
2. El éxito de la perseverancia.
3. El placer del trabajo.
4. La dignidad de la simpleza.
5. El valor del carácter
6. El poder de la bondad.
7. La influencia del ejemplo.
8. La obligación del deber.
9. La sabiduría del ahorro.
10. La virtud de la paciencia.
11. La mejoría del talento.
12. El gozo de existir.

¿Puedes establecer hoy el núcleo de los principios de tu sistema de valores? Para algunos, puede que sean los Diez Mandamientos. Para otros, los dichos de Jesús.

Los valores sólidos son como las piedras sin manchas, lisas por completo. No importa lo que edifiques con ellas, puedes estar seguro que de seguir las leyes básicas de construcción, la estructura será sólida y todas tus decisiones permanecerán firmes.

Conquistate a ti mismo
en vez de al mundo.

Asimismo, exhorta a los jóvenes a que sean prudentes.

Tito 2:6 (LBLA)

*C*uando consigues lo que deseas en tu lucha por tus cosas,

    Y el mundo te hace rey por un día,

    Solo ve a un espejo y contémplate.

    Y mira lo que ese hombre tiene que decir.

    Porque no es tu padre o madre o esposa,

    Quien tiene que emitir juicio sobre ti;

    El veredicto que en realidad cuenta en tu vida,

    Es el de aquel que está parado frente al espejo.

    Algunas personas pueden pensar que eres un amigo de verdad,

    Y llamarte muchacho maravilloso,

    Pero el hombre en el espejo dice que careces de valor,

    Si no lo puedes ver fijo a los ojos.

    Es a él a quien debes complacer, olvídate de los demás,

    Porque él está contigo hasta el final,

    Y tú has pasado tu prueba más peligrosa y difícil,

    Si el hombre en el espejo es tu amigo.

    Puede que engañes al mundo entero

    durante tu caminar por los años,

    Y recibir palmaditas en la espalda mientras pasas,

    Pero tu recompensa final será dolor y lágrimas,

    Si estás engañando al hombre del espejo.

                          Anónimo

    Aprende a conquistarte a ti mismo al desarrollar tu dominio propio y podrás mirarte a los ojos y saber que has dado lo mejor de ti.

*Yo soy solo uno; pero aún
soy uno. No puedo hacerlo todo,
pero aún puedo hacer algo;
no voy a rehusar hacer aquello
que está a mi alcance.*

*De quien todo el cuerpo (estando bien ajustado y unido
por la cohesión que las coyunturas proveen), conforme
al funcionamiento adecuado de cada miembro,
produce el crecimiento del cuerpo para
su propia edificación en amor.*

Efesios 4:16 (LBLA)

El doctor judío Boris Kornfeld fue prisionero en Siberia. Allí trabajó en cirugía, ayudando tanto a empleados como a prisioneros. Conoció a un cristiano cuyo nombre no se conoce pero cuya fe silenciosa y recitación frecuente del Padre Nuestro tuvo un impacto en el doctor Kornfeld.

Un día mientras reparaba una arteria rota de un guardia, el doctor Kornfeld consideró seriamente suturarla de tal modo que el guardia muriera con lentitud de hemorragia interna. La violencia que él reconoció en su propio corazón lo horrorizó y se sorprendió diciendo "Perdona nuestros pecados así como nosotros perdonamos aquellos que pecan contra nosotros". Después, él comenzó a rehusar obedecer varias reglas inhumanas, inmorales del campo de prisión. Sabía que su rebelión silenciosa ponía su vida en peligro.

Una tarde, examinó a un paciente que había sufrido una operación para removerle un cáncer. Advirtió en los ojos del hombre una profunda miseria espiritual que lo movió a compasión y le dijo toda su historia, incluyendo la confesión de su fe secreta. Esa misma noche, el doctor Kornfeld fue asesinado mientras dormía. Pero su testimonio no fue en vano. El paciente que había escuchado su confesión, como resultado se volvió cristiano. Él sobrevivió el campo de prisión y pudo contar al mundo sobre la vida de allí. Ese paciente fue Aleksandr Solzhenitsyn, quien se convirtió en uno de los líderes escritores rusos del siglo veinte. Él le reveló al mundo el horror de los campos prisioneros y sufrimientos de la Rusia comunista.

Una persona en realidad puede hacer la diferencia. Hay algo que tú y solo tú puedes hacer. Dios te creó con un destino.

El buen trato te lleva lejos, y no te cuesta nada.

El hombre misericordioso se hace bien a sí mismo.

Proverbios 11:17 (LBLA)

En 1865, después que el General Ulysses S. Grant movió su ejército ocupacional a Shiloh, ordenó un toque de queda a las siete de la noche. Una dama sureña distinguida, la señora Johnson, fue vista caminando cerca de las oficinas centrales del ejército en el centro de la ciudad, cerca de la hora de queda.

El General Grant se le acercó y le dijo:

—Señora Johnson, es un poco peligroso estar afuera. Pediré a dos de mis oficiales que la escolten hasta su casa.

Ella respondió con determinación:

—No iré.

Grant sonrió, se dirigió a sus oficinas principales y regresó en pocos minutos con un abrigo puesto que cubría su insignia, rango y el hecho de ser un norteño.

—¿Podría caminar con usted, señora Johnson? —le preguntó.

—Por supuesto —le respondió la señora Johnson, sonrojándose—. Siempre me agrada tener a un caballero que me escolte.

La señora Johnson caminó con un hombre que ella consideró *caballero*, pero no lo haría con un soldado de la Unión. Buenos modales y genuina cortesía llegan muy lejos para "cubrir" muchas de nuestras faltas, errores y diferencias.

Debemos comportarnos con nuestros amigos, como queremos que ellos se comporten con nosotros.

Y así como queréis que los hombres os hagan, haced con ellos de la misma manera.

Lucas 6:31 (LBLA)

El presidente Harry Truman tenía la reputación de nunca haber sido ladino o desleal en su vida. Él se mantenía al lado del amigo incluso cuando se arriesgara por ello a burla pública.

Uno de los amigos de Truman de sus días del ejército era Jim Pendergast, cuyo tío Tom era el jefe del Partido Democrático en Kansas City. Jim y su padre instaron a Truman para postularse para la posición de juez en la zona rural del Condado de Jackson. Un año más tarde Truman lo hizo y con el apoyo de Pendergast, ganó la elección. Como juez, él no siempre estuvo de acuerdo con las prácticas de Pendergast. Tom, en una ocasión, dijo a un grupo de contratistas que le habían pedido que influenciara con Truman:

—Les dije que él era el hombre más testarudo y malgenioso del mundo; que no había nada que yo pudiera hacer.

Desafortunadamente, la afición de Pendergast por las carreras de caballos, causó que él fuera investigado por evasión de contribución de impuestos. Él confesó, fue sancionado y sentenciado a servir quince meses en una penitenciaría federal.

Cuando Pendergast murió durante la vice-presidencia de Truman, él no vaciló en volar hasta Kansas City para su funeral.

—Él siempre fue mi amigo —Truman dijo de él—, y yo siempre he sido el suyo.

La verdadera amistad no está basada en lo que un amigo hace por ti, sino en lo que él significa para ti.

El que cesa de ser amigo, nunca lo fue.

*Este pueblo con los labios me honra,
pero su corazón está muy lejos de mí.*

Marcos 7:6 (LBLA)

*E*n *Lessons from Mom* (Lecciones de mamá), Joan Aho Ryan escribe sobre la lealtad en la amistad. Ella dice: "Fuimos hace poco a uno de los centros de tiendas locales" y allí mamá se encontró con dos mujeres que viven en su comunidad... Ellas la saludaron con efusión. Fue un encuentro breve, durante el cual me presentaron, y siguieron su camino.

'¡Qué hipocresía!' —dijo ella cuando las otras se habían marchado. Ya que su observación surgía de la nada, le pregunté qué quería decir con eso.

Con obvio desprecio, ella explicó que había estado sentada bajo la cubierta en su piscina en varias ocasiones con estas dos mujeres y una de sus amigas, Sylvia. Un día —comentó mamá—, que se sentó cerca de ellas y escuchó a las tres hablar de la recepción de bodas de la hija de Sylvia la semana anterior. Estaban encantadas con la comida, las flores, la elegancia de la localización del lugar de recepciones, la belleza de la novia... Mamá dijo que Sylvia estaba llena de orgullo.

'Bueno, entonces Sylvia se fue y deberías haberlas escuchado —dijo mamá— Yo no podía creer que las amigas pudieran tener esa doble cara. La destrozaron, hablando de lo barata que era, de su yerno hogareño, de la música que no pudieron bailar. Fue horrible. Y se llaman a sí mismas amigas —dijo con enojo—. ¿Quién necesita amigas como estas?'

El hablar bien de los demás no es solo una buena manera de adquirir amistades, sino de mantenerlas.

*Carácter es lo que tú eres
en la oscuridad.*

La integridad de los rectos los guiará.
Proverbios 11:3 (LBLA)

¿*H*as observado alguna vez la forma de una estalactita? ¿Has notado cómo se heló el agua que caía, una gota a la vez, hasta que la estalactita llegó a ser de un pie de largo, o más?

Si el agua está limpia, la estalactita permanece cristalina y brilla refulgente en el sol; pero si el agua está un poco turbia, la estalactita se ve empañada, su belleza se daña.

Nuestro carácter se forma de la misma manera. Cada pensamiento o sentimiento añade sus capas de influencia. Cada decisión que tomamos, sobre asuntos tanto grandes como pequeños, contribuyen. Cada influencia externa que incorporamos a nuestras mentes y almas, sean impresiones, experiencias, imágenes visuales, o palabras ajenas, ayudan a crear nuestro carácter.

Tenemos que mantenernos preocupados en todo tiempo por las "gotas" que permitimos que caigan en nuestras vidas. Así como los hábitos nacidos del odio, falsedad y mala intención nos estropean y con el tiempo nos destruyen, actos que se desarrollan de los hábitos de amor, verdad y bondad, en silencio moldean y nos hacen a la imagen de Dios.

Cuando creas un carácter limpio y resplandeciente, la luz reflejada a través de ti atravesará la oscuridad a tu alrededor.

La adversidad resquebraja a algunos hombres; a otros los hace romper récords.

*Si eres débil en el día de angustia,
tu fuerza es limitada.*

Proverbios 24:10 (LBLA)

Como estudiante de último año de la Escuela Superior, Jim tenía un promedio de .427 en el bate y estaba al frente de su equipo en carreras. También era corredor en su equipo de balompié para las semifinales del estado. Más tarde Jim continuó como lanzador profesional para el equipo de los Yankees de Nueva York.

Ese es un logro extraordinario para cualquier atleta. Pero es algo casi increíble para Jim, quien nació sin su mano derecha.

Un pequeño niño que apenas tenía parte de dos dedos en una de sus manos, en una ocasión se acercó a Jim en el club después de uno de los juegos de los Yankees y le dijo:

—Me llaman 'Basura' en el campamento. ¿Los muchachos alguna vez se burlaron de ti?

—Sí —Jim respondió—. Los muchachos solían decirme que mi mano parecía un pie.

Y entonces formuló al niño la pregunta más importante:

—¿Hay algo que no puedas hacer?

El niño respondió:

—No.

—Bueno, yo también lo creo —le respondió Jim.

Hoy, lo que otros ven como una limitación lo es solo si tú piensas que así es. Con certeza, Dios no te ve limitado, sino como quien tiene un potencial ilimitado. ¡Cuando nosotros comenzamos a vernos como Dios nos ve, no hay récords que no podamos romper!

Aprende a decir "No";
te será más útil que poder
leer en latín.

*Sea vuestro sí, sí, y vuestro no, no,
para que no caigáis bajo juicio.*
Santiago 5:12 (LBLA)

El antiguo presidente de la Universidad de Baylor, Rufus C. Burleson, en una ocasión dijo a una audiencia:

"Cuán a menudo he escuchado a mi padre describir con palabras entusiastas la honestidad de su viejo amigo el Coronel Ben Sherrod. Cuando lo amenazaba la bancarrota y la destitución a una edad ya avanzada y debía la asombrosa suma de $850,000 un despreciable abogado le dijo, 'Coronel Sherrod, usted está arruinado por completo, pero si me provee $5,000 como honorarios de testigo, yo puedo encontrar una falla técnica en todo esto y sacarle del asunto.'

El magnífico de Alabama dijo: 'Su proposición es insultante. Yo firmé la constancia de buena fe, y hasta el último dólar se pagará, si una obra benéfica cava mi tumba y compra mi mortaja.' Mi padre nos llevó especialmente a mí y a mi hermano Richard en una ocasión, para ver a ese anciano incorruptible, y su rostro y palabras están impresas en mi corazón y mi mente".

Las personas nos recordarán por nuestras promesas cumplidas y por nuestra honestidad, en especial cuando hubiéramos podido beneficiarnos al no decir la verdad. El carácter de tu palabra es tu mayor bien y la honestidad, tu mejor virtud.

Un hombre que quiera dirigir la orquesta, tiene que dar su espalda al público.

Salid de en medio de ellos y apartaos, dice el Señor; y no toquéis lo inmundo, y yo os recibiré.

2 Corintios 6:17 (LBLA)

En 1643, un joven aprendiz de zapatero fue a Leicestershire, Inglaterra, para una feria de negocios. Mientras estaba allí, un primo lo invitó a compartir una jarra de cerveza con él y otro amigo, en la taberna donde ellos solían comer. Sintiendo sed, se unió a ellos.

Después que tomaron un vaso, el primo del hombre y el amigo comenzaron a tomar a la salud de cada uno en particular. Ellos convinieron en que la persona que no se uniera a su brindis tendría que pagar por la jarra. Esto sorprendió al serio aprendiz zapatero. Se levantó de la mesa, sacó una moneda y dijo:

—Si es así, los dejo.

Diciendo esto, se fue de la taberna y pasó gran parte de la noche caminando de un lado a otro por las calles de la ciudad, orando y clamando al Señor. El Señor le habló estas palabras según lo registró en su diario: "Ves cómo la juventud va junta hacia la vanidad y los viejos a la tierra. Tienes que abandonarlos a todos, jóvenes y viejos, salirte de todos, y ser como extraño a todos". En obediencia a este mandamiento, el joven dejó sus relaciones; su hogar y se convirtió en un trotamundos en Inglaterra. ¿Su nombre? George Fox, el fundador de los Cuáqueros.

Si deseas ser un líder en la vida, llegará el día cuando tengas que dar la espalda a las personas que desean desperdiciar sus vidas, tornarte hacia aquellas que te dirigirán, y sobre todo a Aquel que te guiará, tu Padre Dios.

Los hombres se asemejan en sus promesas. Es en sus actos que son diferentes.

Muchos hombres proclaman su propia lealtad, pero un hombre digno de confianza ¿quién lo hallará?

Proverbios 20:6 (LBLA)

Cuando a Teddy Roosevelt se le pidió que diera un discurso en la Universidad de Guerra Naval en Newport, Rhode Island, el 2 de junio de 1897, su tema fue "Estad preparados". Insistió en que la única forma de mantener la paz es estar preparados para la guerra, y esto solo se consigue si se aumenta la fuerza naval. Fue un discurso vehemente y patriótico. Al siguiente febrero, el barco *Maine* estalló, muriendo doscientos sesenta y cuatro marineros y los norteamericanos por toda la nación gritaban "¡Recuerden el *Maine*!". En abril, el Presidente McKinley pidió al Congreso que declarara la guerra.

Por razones obvias, los norteamericanos no estaban sorprendidos de que Roosevelt apoyara el esfuerzo de guerra. La mayoría se sorprendió, sin embargo, cuando Teddy Roosevelt renunció de su posición como asistente a la Secretaría de la Fuerza Naval, tres semanas después de declararse la guerra, para él alistarse para pelear. Sus amigos le tildaron de loco por arrojar a la borda su futuro político. Su esposa se oponía a esto. No obstante, todo aquel que conocía bien a Roosevelt, sabía que aunque protestaran, sería en vano. Él tenía que unirse al esfuerzo. Más tarde él escribió que deseaba poder decir a sus hijos el por qué había luchado en la guerra, no el por qué él no había combatido en ella. En lo que a él concernía, una persona simplemente no podía predicar una cosa y luego hacer otra.

Ese tipo de actitud es la que te separará del grupo y hará que seas un gran hombre o mujer en la vida. Cuando tus acciones se alinean con tus palabras, una tremenda reputación te seguirá.

No cruces tus puentes
hasta que llegues a ellos.
Pasamos nuestras vidas
derrotándonos a nosotros mismos,
cruzando puentes
que nunca alcanzamos.

No os preocupéis por el día de mañana;
porque el día de mañana se cuidará de sí mismo.
Bástele a cada día sus propios problemas.

Mateo 6:34 (LBLA)

Durante el estado de sitio que durara cuatro semanas en Tientsin, en la Rebelión Boxer de junio de 1900, Herbert Hoover ayudó a edificar barricadas alrededor del campamento extranjero y organizó todos los hombres que podían luchar como fuerza protectora, para dirigirlos. La señora Hoover también salió a trabajar, ayudando a formar un hospital, tomando su turno como enfermera con los heridos, racionando los alimentos y sirviendo el té cada tarde a aquellos en su poste de centinela. Como su esposo, ella se mantuvo calmada y eficiente en medio de la crisis, e incluso parecía disfrutar la emoción.

Una tarde, mientras estaba sentada en la casa jugando solitario para descansar después de su trabajo en el hospital, una bomba de momento explotó en la cercanía. Ella corrió hacia la puerta trasera y descubrió un gran hueco en el patio. Un poco después, una segunda bomba cayó en la calle del frente de la casa. Entonces vino una tercera bomba. Esta irrumpió por una de las ventanas de la casa y demolió un poste cerca de la escalera. Varios reporteros cubriendo el sitio corrieron hacia la sala para ver si ella estaba bien; la encontraron calmada, sentada junto a la mesa de las cartas.

—Me parece que no estoy ganando esta vez —ella señaló con frialdad—, pero esa fue la tercera bomba y por lo tanto la última por ahora. Su patrón es tres seguidas.

Entonces sugirió con brillantez:

—Vamos a tomar el té.

Si piensas al respecto, te darás cuenta de que la mayoría de las cosas que te preocupan nunca suceden. En lugar de preocuparte, relájate y usa tu energía mental para cosas más importantes.

*Ese que ha aprendido a obedecer
sabrá cómo ordenar.*

*El sabio de corazón aceptará preceptos,
mas el necio charlatán será derribado.*

Proverbios 10:8 (LBLA)

*S*e cuenta la historia de un capitán militar que después de todo un día de trabajo, se sentó junto al calor de una fogata con varios de sus oficiales y comenzó a repasar los eventos del día.

Les preguntó:

—¿Quién hizo lo mejor hoy en el campo de batalla?

Un oficial habló de un hombre que combatió con valentía todo el día y luego justo después del atardecer fue herido grave. Otro dijo de un hombre que había interceptado un golpe dirigido a uno de sus compañeros, salvando la vida de su amigo; posiblemente perdiendo la suya propia. Sin embargo, otro contó de un hombre que dirigió al grupo hacia la batalla. Y aun otro contó de un soldado que había arriesgado su vida para arrastrar a un soldado compañero a una trinchera.

El capitán les escuchó y luego añadió:

—No, temo que todos están equivocados. El mejor hombre en el campo hoy día, fue el soldado que estaba levantando sus brazos para atacar al enemigo, pero al escuchar el sonido de retirada de la trompeta, se detuvo, dejó caer las armas sin dar un golpe, y se retiró. Esa obediencia perfecta y dispuesta a la voluntad de su general, es lo más noble que fue hecho hoy en el campo de batalla.

Ese es el tipo de obediencia que Dios desea de nosotros, inmediata y completa.

*Tienes que tener metas
a largo plazo para evitar
frustrarte con los fracasos
a corto plazo.*

Puestos los ojos en Jesús, el autor y consumador de la fe,
quien por el gozo puesto delante de Él soportó la cruz,
menospreciando la·vergüenza, y se ha sentado
a la diestra del trono de Dios.

Hebreos 12:2 (LBLA)

$\mathcal{E}$n 1877, George Eastman soñó que el maravilloso mundo de la fotografía pudiera ser accesible a la persona promedio. En esa época, los fotógrafos que trabajaban afuera, tenían que transportar múltiples piezas de un equipo voluminoso y un agente corrosivo llamado nitrato de plata. Eastman tenía la teoría de que si él pudiera eliminar la mayor parte de los equipos, lograría algo.

Trabajando en un banco de día, pasó sus noches leyendo libros sobre química y revistas sobre fotografía. Tomó lecciones de idiomas para poder leer la información publicada en francés y alemán. Entonces con un compañero, comenzó su propia compañía en 1881. Casi de inmediato, surgió un problema con las nuevas "planchas secas" que él había inventado. Eastman devolvió el dinero a aquellas personas que las compraron y regresó a su laboratorio. ¡Tres meses y cuatrocientos setenta y dos experimentos después, descubrió la emulsión durable que había estado buscando!

Eastman pasó muchas noches durmiendo en una hamaca en su factoría después de largos días diseñando el equipo. Para reemplazar el cristal usado por las placas de fotografía, él creó un rollo de un material fino y flexible que ahora se conoce como película de fotografía. Para reemplazar los pesados trípodes, desarrolló una cámara de bolsillo. En 1895, la fotografía al fin estaba disponible para el "hombre común".

La visión a largo plazo de George Eastman lo mantuvo motivado, aun cuando cuatrocientos setenta y un experimentos fracasaron. Manteniendo tu gran sueño en mente, establécete metas realistas a corto plazo y antes que te des cuenta, ¡tu visión será una realidad!

*Limpia tu mente
del no puedo.*

Todo lo puedo en Cristo
que me fortalece.
Filipenses 4:13 (LBLA)

*H*arry Houdini, quien ganó fama como un artista en fuga a principio del siglo veinte, era un reto a donde quiera que iba. Él aseguraba que podía ser encerrado en cualquier celda del país y salir libre en pocos minutos. Lo había hecho una y otra vez en toda ciudad que visitaba.

En una ocasión, sin embargo, algo pareció ir mal. Houdini entró en la celda de la cárcel con su ropa de civil. La pesada puerta de metal pasó su cerrojo tras él, y él sacó de su cinturón una pieza escondida de un metal fuerte y flexible. Se puso a trabajar en la cerradura de su celda, algo parecía ser diferente en esta cerradura en particular. Trabajó durante treinta minutos; nada sucedió. Pasó una hora. Pasó mucho más tiempo del que Houdini por lo normal necesitaba para librarse por sí mismo, y él comenzó a sudar y respirar con dificultad en desesperación. Aún no podía abrir el cerrojo.

Al fin, después de estar trabajando por dos horas, frustrado y sintiendo una sensación de fracaso que lo aprisionaba por momentos, Houdini se recostó sobre la puerta que no podía abrir. Para su asombro, ¡se abrió de par en par! *¡Nunca estuvo cerrada!*

¿Cuántas veces los retos resultan imposibles, o las puertas cerradas, solo porque pensamos que lo están? Cuando concentramos nuestros pensamientos y energías en ellos y eliminamos la frase "no puedo" de nuestro vocabulario, esas cosas imposibles se vuelven metas que pueden alcanzarse.

*El futuro pertenece
a aquellos que creen
en la belleza de sus sueños.*

Todas las cosas son posibles
para el que cree.

Marcos 9:23 (LBLA)

Grace Hopper nació con un deseo de descubrir cómo obraban las cosas. A los siete años, su curiosidad la llevó a desarmar todos los relojes en la casa de su infancia. Cuando creció, con el tiempo terminó su doctorado en matemáticas en la Universidad de Yale. Durante la Segunda Guerra Mundial, Grace se unió a la marina y fue asignada al proyecto de computación de la fuerza naval en la Universidad de Harvard. Allí se encontró con "Harvard Mark I" la primera máquina digital de total funcionamiento computarizado. Una vez más, Grace se propuso aprender cómo funcionaba algo.

A diferencia de los relojes de su niñez, "Harvard Mark I" ¡tenía setecientas cincuenta mil partes y quinientas millas de cable! Mientras la mayoría de los expertos creían que las computadoras eran demasiado complicadas y costosas para cualquiera, excepto para aquellos científicos altamente entrenados para usarlas; Grace tenía su propia opinión. Su meta era hacerlas de fácil operación para que más personas pudieran usarlas. Su trabajo dio auge al lenguaje de programación COBOL.

Hasta 1963, cada computadora grande tenía su propio lenguaje principal y único. Grace se volvió una defensora de que se aceptara un lenguaje universal. Ella tuvo la audacia para preveer que algún día las computadoras fueran lo suficientemente pequeñas para ponerlas en un escritorio, más potentes que Harvard Mark I; y que fueran usadas en oficinas, escuelas y en el hogar. A la edad de setenta y nueve años se retiró de la fuerza naval con un rango de contralmirante. ¡Pero, más importante para ella, vivió para ver su sueño de una computadora personal convertirse en una realidad!

Cree en tus sueños. Con Dios, todas las cosas son posibles.

El futuro les pertenece
a aquellos que ven posibilidades
antes de que estas
se hagan obvias.

Aunque tarde (la visión), espérala;...
ciertamente vendrá, no tardará.

Habacuc 2:3 (LBLA)

$\mathcal{E}$niac fue una de las primeras computadoras en usar circuitos electrónicos, que hacía cálculos a la velocidad de la luz. Al principio, Thomas J. Watson, hijo., antiguo presidente de IBM, no estaba acostumbrado a esto.

Él dijo: "Reaccioné a Eniac como algunas personas posiblemente reaccionaron ante el avión de los hermanos Wright. No me impresionó en absoluto... yo no podía ver a este desconfiado aparato gigantesco, costoso, como una pieza del equipo de oficina".

Pocas semanas más tarde, él y su padre caminaban por la oficina de investigaciones de la IBM y vieron a un ingeniero con una máquina de tabular tarjetas a alta velocidad, unida a una caja negra. Cuando se le preguntó qué estaba haciendo, él respondió: "Multiplicando con tubos de radio". La máquina estaba tabulando la nómina en una décima del tiempo que necesitaba la máquina convencional para hacerlo. Watson recuerda: "Eso me impresionó como si alguien me hubiera dado un golpe en la cabeza con un martillo". Él dijo: "¡Papá, debemos poner esto en el mercado! Si vendemos apenas ocho o diez de ellas, podremos publicar que tuvimos la primera calculadora electrónica comercial del mundo".

Así fue como IBM entró en el campo de la electrónica. En un año, ellos tenían circuitos electrónicos que multiplicaban y dividían, y en ese punto, las calculadoras electrónicas resultaron muy útiles. Miles de IBM 604 fueron vendidas.

Lo que aún no era obvio para Thomas Watson lo fue para el ingeniero que trabajaba en el departamento de investigación. Siempre mantén tus ojos y oídos abiertos; nunca sabes qué podrías descubrir. Busca las posibilidades a tu alrededor.

Cuando yo era un joven,
observé que nueve de cada diez
cosas que hacía, eran fracasos.
Yo no deseaba ser un fracasado,
así que trabajé diez veces más.

Pobre es el que trabaja con mano negligente,
mas la mano de los diligentes enriquece.
Proverbios 10:4 (LBLA)

A principio de la temporada de baloncesto de 1989, Michigan se enfrentó a Wisconsin. Faltando segundos en el último cuarto de hora, Rumeal Robinson de Michigan se vio en la línea de penalidad. Su equipo estaba rezagado por un punto y él sabía que si podía anotar ambos tiros libres, Michigan ganaría. Tristemente, Rumeal falló ambos tiros. Wisconsin perdió frente al preferido Michigan y Rumeal fue a su vestidor sintiéndose aplastado y avergonzado.

Sin embargo, su desánimo lo estimuló a tomar acción y motivó su determinación. Decidió que al final de cada práctica por el resto de la temporada, tiraría cien tiros libres extras al canasto. ¡Y lo logró!

El momento llegó cuando Rumeal se puso en la línea de penalidad en otro juego, de nuevo con la oportunidad de hacer dos tiros libres al canasto. ¡En esta ocasión, solo quedaban tres segundos de tiempo, y el juego era de los finales de la NCAA! ¡Como un chasquido salió el primer lanzamiento! Y como un chasquido el segundo. Esos dos puntos dieron a Michigan la victoria y el Campeonato Colegial Nacional de la temporada.

¿Has fracasado en algo? No te des por vencido. En vez de ello, intensifica tu esfuerzo. ¡El éxito es posible!

La suerte es un asunto de la preparación encontrándose con la oportunidad.

Aprovechando bien el tiempo.

Colosenses 4:5 (LBLA)

*P*odemos aprender mucho del alce canadiense. Cada otoño, durante la época de cría, los machos de la especie luchan por dominar. Ellos literalmente envisten por la cabeza, chocando los cuernos mientras lo hacen. Cuando los cuernos se rompen, se ha asegurado la derrota ya que estos son su única arma.

Por lo general, los alces más robustos con los cuernos de más tamaño y fuertes, ganan. La batalla casi siempre está predeterminada desde el verano anterior. En esa época los alces comen casi todo el tiempo. Aquel que consume la mejor dieta para hacer crecer sus cuernos y ganar peso será el victorioso. Aquellos que comen de forma inadecuada tendrán cuernos débiles y menos peso. La lucha por sí sola envuelve mucho más músculos que cerebro, y más confianza en el peso que en la habilidad.

¿Cuál es la lección para nosotros? Las batallas espirituales son inevitables. Cada uno de nosotros experimenta "temporadas de ataque" en la vida. Que seamos los victoriosos o las víctimas, depende no de nuestras habilidades o poder mental, sino de nuestra fuerza espiritual. Lo que hagamos por adelantado a la guerra determinará el resultado de la batalla. Ahora es el momento de desarrollar una fe perdurable, fortaleza y sabiduría. Ahora es el momento de orar, leer y memorizar la Palabra de Dios. Entonces, cuando la oportunidad llegue, estarás preparado.

*El brincar a conclusiones
no es un ejercicio ni la mitad de
bueno como cavar en busca
de evidencias.*

*Procura con diligencia presentarte a Dios aprobado,
como obrero que no tiene de qué avergonzarse,
que maneja con precisión la palabra de verdad.*

2 Timoteo 2:15 (LBLA)

$\mathcal{T}$ed Turner es una de las personalidades prominentes del siglo veinte. Él convirtió el Canal 17 en Atlanta en la primera "Superestación", transmitiendo su señal al sistema de cable por toda la nación vía satélite. Poco después, compró el equipo de pelota de los Bravos de Atlanta, y el equipo de baloncesto de los Atlanta Hawks. En 1980, creó la CNN, primera cadena de televisión de noticias las veinticuatro horas del día, en vivo. Organizó los Juegos Olímpicos inaugurales de Buena Voluntad en Moscú, ha ganado numerosos premios y recibido títulos de navegación mundial y nacional.

Sobre el elegir y tomar decisiones, Ted ha dado este consejo, "Hay un dicho, 'Asegúrate de tu información y luego, sigue adelante'. Mi padre fue el primero en señalarme esto... Toma toda la información que puedas, junto con los consejos y recomendaciones de las personas que estimas como sabias. Esto es un pre-requisito para el éxito a la larga. No debes tomar decisiones hasta que no tengas un conocimiento completo sobre las cosas. (Cuando) tienes que formarte opiniones sin tanta información como la debida, o sin conocimiento de primera mano... no te aferres a las resoluciones rápidas. Cuando nueva información esté disponible, debes estar en condición de cambiar tu modo de pensar".

Este es un consejo sabio. El saltar a conclusiones, por lo general, se fundamenta sobre especulaciones, no en la verdad. La persona que sale ganando será aquella que no solo conoce los hechos, sino que, conoce la verdad.

El más valioso de todos los talentos es el no usar dos palabras cuando una es suficiente.

En las muchas palabras, la transgresión es inevitable, mas el que refrena sus labios es prudente.

Proverbios 10:19 (LBLA)

Albert Einstein tiene fama de haber sentido un gran desprecio por la tiranía de la tradición. Una noche, el presidente de la Universidad de Swarthmore hizo una cena en honor a Einstein. Aunque no estaba programado que él hablara durante el evento, sino apenas recibir un premio, después que esto sucedió, la audiencia clamó: "¡Que hable, que hable!" El presidente le cedió el podio. Eisntein a regañadientes se acercó y dijo:

—Damas y caballeros, lo siento mucho, pero no tengo nada que decir.

Y luego se sentó. Unos segundos después, se levantó y dijo:

—En caso de tener algo que decir, regresaré.

Unos seis meses después, Einstein envió un cable al presidente de la universidad con este mensaje: "Ahora tengo algo que decir".

Se organizó otra cena y en esta ocasión, dio un discurso.

Si no tienes nada que decir, es sabio no pronunciar palabra. Si tienes algo que expresar, es sabio hacerlo con la menor cantidad de palabras posible. Como dice el viejo refrán: "Si tu mente debe quedar en blanco, no olvides apagar el sonido".

La vagancia es a menudo
confundida con la paciencia.

Despojémonos también de todo peso y del pecado
que tan fácilmente nos envuelve, y corramos
con paciencia la carrera que tenemos por delante.

Hebreos 12:1 (LBLA)

$\mathcal{H}$enry Ward Beecher, uno de los predicadores más poderosos en la historia norteamericana, dio esta ilustración en uno de sus sermones:

"La langosta, cuando se deja en lo alto y se seca en las rocas, no tiene la percepción y energía suficiente para buscar su camino de regreso al mar, sino que espera a que el mar venga a ella. Si no viene, ella se queda donde está y muere, aunque el más mínimo esfuerzo le haría posible alcanzar las olas, que quizá están ondeando apenas a una yarda.

Hay una ola en los asuntos humanos que lanza a los hombres a «lugares difíciles» y los deja allí, como una langosta tirada. Si deciden quedarse donde las grandes olas los han dejado, esperando que una gran cresta los lleve en sus hombros y los transporte a suaves aguas, es muy probable que sus esperanzas nunca se conviertan en realidad".

La vagancia es no actuar, esperar nada, ser nadie. La paciencia, por otro lado, no significa que no se está en actividad. Significa que se está trabajando con la esperanza de que lo que esperas con el tiempo será una realidad, pero tú continuarás en acción aunque no suceda.

La mitad de los problemas
de esta vida pueden ser
atribuidos a decir
"sí" demasiado pronto,
y a no decir "no" a tiempo.

¿Ves a un hombre precipitado en sus palabras? Más
esperanza hay para el necio que para él.

Proverbios 29:20 (LBLA)

$\mathcal{U}$n hombre que había tenido mucho éxito en el negocio de la confección, decidió retirarse. Llamó a su hijo para notificarle su decisión:

—Hijo, todo queda en tus manos a partir del día primero del mes entrante. El hijo, aunque ansioso de tomar las riendas de la firma y ejercer su propia marca de liderazgo, también comprendió la gran responsabilidad que enfrentaba.

—Yo estaré agradecido por cualquier palabra de consejo que me ofrezcas —dijo a su padre.

El padre le aconsejó:

—Bueno, mi éxito en este negocio se debe a dos principios: seriedad y sabiduría. Primero, toma la seriedad. Si tú prometes la mercancía para diez del mes, sin importar lo que suceda, tienes que entregarla ese día. Tus clientes no van a entender demora alguna. Ellos interpretarán el retraso como un fallo. Así que, aunque te cueste tiempo extra, doble tiempo, o tiempo de oro, tienes que entregar según tu promesa.

Entonces el hijo meditó sobre esto por unos momentos y luego preguntó:

—¿Y sabiduría?

El padre le respondió:

—La sabiduría, es nunca hacer esa estúpida promesa desde el primer momento.

Con cuidado pesa tu habilidad de respaldar tus palabras con evidencia y asegúrate que puedas cumplir tu promesa antes de hacerla. Una gran parte de tu reputación es tu habilidad de mantener tu palabra.

*Prefiero fracasar en la causa
que algún día triunfará
que triunfar en una causa
que algún día fracasará.*

*Pero gracias a Dios, que en Cristo
siempre nos lleva en su triunfo.*

2 Corintios 2:14 (LBLA)

Cuando Honorious era emperador de Roma, el gran Coliseo a menudo se llenaba hasta rebosar con espectadores que venían de cerca y de lejos para ver los juegos patrocinados por el estado. Algunos de los deportes consistían en seres humanos enfrascados en batallas con bestias salvajes o entre sí, hasta la muerte. Las multitudes reunidas hacían de ello una fiesta y consideraban el mayor de los deleites cuando un ser humano moría.

Uno de esos días, un monje sirio llamado Telemachus integraba la gran multitud en la arena. Telemachus fue herido hasta lo más profundo por el indecible desprecio hacia el valor de una vida humana del que fue testigo. Brincó de las gradas de espectadores a la arena durante un espectáculo de gladiadores y gritó: "¡Esto no es correcto! ¡Esto tiene que cesar!"

Por haber interferido, las autoridades ordenaron que Telemachus fuera atravesado con una espada, y así se hizo. Él murió, pero no en vano. Su grito prendió una pequeña llama en la casi cauterizada conciencia de las personas y en cuestión de pocos meses, los combates de gladiadores llegaron a su fin.

Mientras mayor sea el mal, más alto tenemos nosotros que gritar en contra de él. Mientras mejor sea la causa, más fuerte tenemos nosotros que aplaudir.

*Graba tu nombre
en los corazones
y no en el mármol.*

*Nuestra mejor carta son ustedes mismos.
Ustedes son carta de Cristo escrita por nosotros,
no fue labrada en piedra, sino en las tablas
del corazón humano.*

2 Corintios 3:2-3 LBD

Cuando el oficial del Ejército de Salvación vio a los tres hombres delante de él, lágrimas brotaron a sus ojos. Shaw era un misionero médico que acababa de llegar a la India. Él había sido asignado a una colonia de leprosos que el Ejército de Salvación iba a correr. Los tres hombres delante de él tenían esposas y grillos atando sus manos y pies. Sus ataduras estaban cortándole de forma dolorosa en sus carnes enfermas. El Capitán Shaw se volvió al guardia y le dijo: —Por favor, suelte las cadenas.

—No es seguro —le protestó el guardia—. ¡Estos hombres son criminales peligrosos al igual que leprosos!

—Yo seré responsable —dijo el Capitán Shaw—. Ya están sufriendo bastante —luego él estirando el brazo, tomó las llaves, se arrodilló, con ternura le quitó las cadenas a los hombres, y les trató sus muñecas y tobillos sangrantes.

Alrededor de dos semanas después, Shaw tuvo que hacer un viaje por la noche. Él temía dejar a su esposa e hijo solos. Las palabras del guardia regresaron a él, y él estaba preocupado sobre la seguridad de su familia. Cuando la esposa de Shaw fue a la puerta del frente de su casa la mañana que ella estaba sola, ella se quedó sorprendida de ver a los tres criminales recostados en sus escalones. Uno de ellos le explicó: —Supimos que el doctor se fue. Nosotros nos quedamos aquí toda la noche para que ningún mal te acontezca.

¡Incluso los hombres peligrosos son capaces de reaccionar a un acto de amor! Vidas tocadas son los mejores monumentos que puedes dejar. Cuando tú tratas a las personas con ese tipo de amor, tú estás imprimiendo tu nombre en sus corazones.

El conocimiento de la Biblia sin un curso universitario, es más valioso que el curso universitario sin la Biblia.

Toda Escritura es inspirada por Dios, y útil para enseñar, para redargüir, para corregir, para instruir en justicia, a fin de que el hombre de Dios sea perfecto, enteramente preparado para toda buena obra.

2 Timoteo 3:16-17 (RV60)

Una Biblia, leída con cuidado y bien usada, era el libro más importante en la casa de Gerrit. Su casa era una casa de oración, donde se derramaban muchas lágrimas en intercesión por avivamiento en su iglesia en Heemstede. Casi una generación después, sus oraciones fueron contestadas cuando esa misma iglesia fue el centro de una erupción de fe en Holanda, parte del Gran Despertar en Europa.

Cuando ella tenía cerca de dieciocho años de edad, la bisnieta de Gerrit tuvo un sueño. Él estaba caminando a través de un hermoso parque con ella, y le decía: "Cuando tú siembras algunas semillas y las pones en la tierra, esta semilla se hará una planta y esta planta dará de nuevo semillas... Tú, mi querida Corrie, eres la hija de mi nieto, ... Tú eres una planta, floreciendo de mi semilla. Yo te mostraré algo que nunca cambiará. Es la Palabra de Dios". En el sueño, él abrió su Biblia y dijo: "Este libro será el mismo siempre". Luego le dijo: "Planta las semillas de la Palabra de Dios, y ellas crecerán de generación a generación".

Corrie ten Boom hizo justo eso. Ella plantó la Palabra de Dios en los corazones y mentes alrededor del mundo. La información aprendida en los libros de textos de continuo es puesta al día, y los cursos de estudio cambian. Pero, las verdades de la Biblia son absolutas. Sus promesas son seguras. Planta sus semillas en tu corazón.

Las mentes pequeñas
son domadas y sojuzgadas
por el infortunio; pero
las mentes grandes
suben por encima de ellas.

*Porque siete veces cae el justo,
y vuelve a levantarse.*
Proverbios 24:16 (RV60)

$\mathcal{C}$uando Aarón tenía siete meses de edad, él dejó de ganar peso. Unos pocos meses después, su cabello comenzó a caerse. Al principio, los médicos le dijeron a los padres de Aarón que él iba a ser bajito de adulto, pero que por lo demás, era normal. Luego, un pediatra diagnosticó el problema como progeria, o "rápido envejecimiento". Justo como lo predijo el pediatra, Aarón nunca creció más allá de tres pies de estatura, no tuvo cabello en su cabeza o cuerpo, lucía como un viejito mientras era aún un niño, y murió de edad avanzada al principio de su adolescencia. Su padre, un rabino, sintió un profundo y doloroso sentido de injusticia.

Alrededor de un año y medio después de la muerte de Aarón, el padre llegó a comprender que a ninguno de nosotros se nos promete en algún momento una vida libre de dolor o desengaño. Más bien, lo más que se nos ha prometido es que no tenemos que estar solos en nuestro dolor y que podemos obtener fuerzas y coraje de una fuente externa. Él llegó a la conclusión de que Dios no causa nuestras desgracias, sino más bien, nos ayuda inspirando a otros a que nos ayuden.

De la experiencia de Harold Kushner surgió un libro que ha ayudado a millones, *When Bad Things Happen to Good People* (Cuando cosas desagradables suceden a personas buenas) Él dice: "Yo pienso en Aarón y todo lo que su vida me enseñó; comprendo cuánto he perdido y cuánto he ganado. El ayer parece menos doloroso, y no tengo temor del mañana".

Cuando dejas de mirar a las dificultades de tu vida como obstáculos y comienzas a verlas como escalones, subirás por encima de tus dificultades y ganarás algo de ellas. Te harán más fuerte y sabio.

No hay pobreza que pueda dominar la diligencia.

Pobre es el que trabaja con mano negligente,
mas la mano de los diligentes enriquece.

Proverbios 10:4 (LBLA)

Un joven reportero en una ocasión entrevistó a un triunfador hombre de negocios. El reportero le pidió que le diera un historial detallado de su compañía. Mientras el hombre hablaba extensamente, el reportero comenzó a asombrarse de los muchos problemas que este había vencido. Al final le dijo:

—¿Pero cómo venció tantos problemas de tal magnitud?

El anciano caballero se echó hacia atrás en su silla y dijo:

—En realidad no hay ningún truco en cuanto a esto. Luego añadió:

—Sabes, ...hay algunos problemas que parecen tan grandes que no puedes pasarle por encima.

El reportero asintió, pensando en experiencias por las que atravesaba en el presente.

—Y —el sabio hombre de negocios prosiguió—, hay algunos tan anchos que no puedes darles la vuelta.

De nuevo, el reportero asintió. El hombre continuó levantando su voz de forma dramática:

—Y hay algunas dificultades tan profundas que no puedes cavar por debajo de ellas.

Ansioso por una solución, el reportero dijo:

—¿Sí? ¿Sí?

—Es entonces —concluyó el hombre—, cuando sabes que la única forma de vencer el problema es bajar tu cabeza y embestirlo.

El problema rara vez disminuye mientras la persona está de pie y mirándolo de frente. Pero cuando buscas con diligencia una solución, está garantizado que tu problema disminuirá.

Nunca te desesperes; pero si lo haces, ocúpate en ello con desespero.

Mas vosotros, esforzaos y no desmayéis, porque hay recompensa por vuestra obra.

2 Crónicas 15:7 (LBLA)

*L*os fanáticos norteamericanos del deporte observaron con asombro el domingo 4 de marzo de 1979, mientras Phil se lanzaba por la rampa gigantesca de Whiteface Mountain, en Nueva York. Él salió impulsado contra la curva y luego cayó en una imponente trinchera al lado de la montaña. Sin embargo, en la puerta treinta y cinco, golpeó la tragedia. A Phil se le trabó el esquí en un extremo, salió volando de cabeza, chocó y cayó deshecho. Los médicos del equipo de esquí describieron las lesiones como "la rotura máxima del tobillo", una rotura de ambos tobillos y la parte baja de la pierna. Tuvieron que unirle los huesos con una plancha de metal de tres pulgadas y siete tornillos.

La pregunta no era si algún día Phil volvería a esquiar, más bien si lograría caminar. Mirando en retrospectiva, Phil describe los meses después de la lesión como un tiempo de profundo desespero. Sin embargo, él nunca dudó acerca de caminar o esquiar.

Después de dos meses sobre muletas y un programa alto en disciplina de ejercicios, él se obligó a caminar sin cojear. En agosto, comenzó a esquiar suaves colinas. Antes de cumplirse seis meses del accidente, participó en una carrera en Australia y terminó en segundo lugar. En febrero de 1980, casi al año de su dolorosa lesión, Phil Mahre tomó la misma montaña donde había fallado y ganó una medalla de plata olímpica.

Cuando la derrota y el desespero amenazan dominar tu vida y aplastar tus sueños, sigue adelante. ¡Con el tiempo, vencerás la derrota con la victoria y el desespero con gozo!

*Tú puedes lograr más
en una hora con Dios que
en toda una vida sin él.*

Para Dios todo es posible.
Mateo 19:26 (LBLA)

El Señor se le apareció a un hombre llamado Ananías en una visión y le pidió que emprendiera lo que este tuvo que haber percibido como una misión peligrosa. Le indicó que fuera a casa de un hombre llamado Judas, impusiera sus manos sobre alguien llamado Saulo de Tarso y orara para que éste recibiera la vista. Saulo había quedado ciego mientras viajaba a Damasco para perseguir a los cristianos de allí, teniendo toda la intención de llevarlos cautivos a Jerusalén para juicio, tortura y muerte. Aun así, Ananías hizo como el Señor le pidió y en una hora, la vista de Saulo había sido restaurada.

De acuerdo con el relato bíblico, Ananías era un simple zapatero que no tenía ninguna idea de lo sucedido a Saulo después de ese día, o cómo él había cambiado el curso de la historia por obedecer a Dios en un acto sencillo que fue parte de su transformación hacia el apóstol Pablo. Mientras estaba en su lecho de muerte, Ananías miró hacia el cielo y susurró: "Yo no he hecho mucho, Señor: unos pocos zapatos cosidos, unas sandalias remendadas. ¿Pero qué más se podía esperar de un pobre zapatero?"

El Señor habló al corazón de Ananías: "No te preocupes Ananías por lo mucho o poco que has logrado. Estuviste allí en la hora que te necesité y eso es todo lo que importa.

Estar en el lugar correcto en el momento preciso, incluso si es apenas por una hora, puede darte la oportunidad de cambiar la historia. Para poder estar allí, tienes simplemente que escuchar y obedecer.

Si no te puedes identificar
con algo, creerás cualquier cosa.

Si no creéis, de cierto no permaneceréis.
Isaías 7:9 (LBLA)

El ex presidente Harry S. Truman en una ocasión comentó que ningún presidente de nuestra nación había escapado al abuso e incluso la difamación de la prensa. Señaló que era mucho más común de lo normal que un presidente fuera llamado traidor en público. Truman además concluyó que el presidente que no hubiera luchado con el Congreso o la Corte Suprema no había hecho su trabajo.

Lo que es cierto para un presidente norteamericano también lo es para cualquier otra persona. No importa lo pequeño que pueda ser el empleo de alguien, cuán baja sea su posición en una organización en particular o nivel social, habrá siempre aquellos que se le oponen, ridiculizan y quizá incluso lo reten a pelear. Es por esto que ninguna persona puede conducirse como si estuviera tratando de ganar un concurso de popularidad. Más bien, la persona necesita hacer un mapa del curso que él pretende seguir en su vida y luego emprenderlo con la cabeza en alto y sus convicciones intactas. Es simplemente un asunto de tomar la vida a grandes pasos para reconocer que cada persona con el tiempo se enfrentará a la prueba del ridículo y la crítica mientras sostiene sus principios o defiende su moral.

Es inevitable que seas criticado o atacado en algún momento de tu vida. Pero desplomarse de temor por un ataque se puede evitar. ¡Mantente firme en tu fe y el Señor estará de pie contigo!

La diferencia entre lo ordinario y lo extraordinario es ese pequeño extra.

Todo lo que tu mano halle para hacer, hazlo según tus fuerzas.

Eclesiastés 9:10 (LBLA)

La estrella de música guajira Randy Travis y su administrador, Lib, recuerdan los días de escasez de su carrera, todos los 3,650 de ellos. Durante diez años, Lib hizo todo lo que podía para mantener su club abierto como para que alguien descubriera el talento de Travis. Por su parte, Randy cantaba con su corazón y cuando no lo hacía, freía pescado o lavaba platos en la cocina. Entonces sucedió. Todo parecía funcionar para él. Tuvo un éxito titulado "On the Other Hand", un contrato para un disco, una oferta para una gira y una oferta para una película. ¡Él estaba entusiasmado! Todo el mundo parecía llamarlo un éxito repentino.

Travis señala: "Fuimos rechazados más de una vez por cada sello de Nashville. Pero yo soy del tipo de persona que cree que si uno trabaja en algo el tiempo suficiente y sigue creyendo, tarde o temprano sucederá".

En muchas ocasiones en la vida, es ese esfuerzo extra lo que hace la diferencia. El dinero puede comprar una casa, pero los toques de amor es lo que la convierte en hogar. Un almuerzo en una bolsa de papel puede ser una comida gourmet con una nota de amor en su interior. Una comida es solo alimento, pero con velas y flores es una ocasión. Haz más de lo que se te demanda hoy. Da el extra que hace la vida algo en verdad extraordinario.

El hombre no puede descubrir nuevos océanos a menos que tenga el valor de perder de vista la orilla.

Y descendiendo Pedro de la barca, caminó sobre las aguas, y fue hacia Jesús.

Mateo 14:29 (LBLA)

Dos entrenadores de pelota se compadecían mutuamente por la dificultad de reclutar jugadores de calidad para sus equipos. Un entrenador dijo:

—Si solo pudiera encontrar a un hombre que jugara cada posición a la perfección, le diera siempre a la pelota, nunca quedaran fuera del juego y no hiciera un error en el campo.

El otro entrenador suspiró en acuerdo y añadió:

—Sí, si apenas pudiéramos hacer que dejara su perro caliente y bajara de las gradas.

Jugar el juego de la vida al máximo requiere enfrentar riesgos. Sin ellos, la vida tiene poca emoción, poco que puede contarse como excitante o que satisfaga.

- Reírse es arriesgarse a parecer tonto.

- Llorar es arriesgarse a parecer sentimental.

- Extender la mano a otra persona es arriesgarse a involucrarse.

- Exponer sentimientos es arriesgarse a mostrar el verdadero yo.

- Exteriorizar ideas y sueños ante la multitud es arriesgarse al ridículo.

- Amar es arriesgarse a no ser correspondido.

- Vivir es arriesgarse a morir.

- Tener esperanza es arriesgarse a desesperarse.

- Intentar es arriesgarse a fracasar.

Sin embargo, la persona que no arriesga nada, no está obrando, nada tiene y al final se vuelve nada. No tengas temor a enfrentar riesgos. ¡Bájate de las gradas y juega a la pelota!

*Las modas van y vienen;
la sabiduría y el carácter
son para siempre.*

*Escucha, hijo mío, y sé sabio,
y dirige tu corazón por el buen camino.*
Proverbios 23:19 (LBLA)

Muchos años atrás en África del Sur, un hombre vendió su granja para poder pasar sus días en búsqueda de diamantes. Estaba sumergido en sueños para convertirse en un hombre rico. Cuando por fin su salud y recursos se agotaron, y solo estuvo cerca de su fortuna el día que vendió su granja; se tiró a un río y murió ahogado.

Un día, el hombre que había comprado su granja, divisó una piedra de aspecto poco usual a orillas de la quebrada. La puso en el manto de su chimenea como tema de conversación. Un visitante notó la piedra y la examinó con detenimiento. Luego expresó en voz alta sus sospechas de que la piedra era en realidad un diamante. El granjero discreto, hizo que se analizara la piedra y se confirmó que era uno de los diamantes más grandes y finos que se hayan encontrado jamás.

Aún operando en forma confidencial, el granjero buscó en su quebrada, recolectando piedras similares. Todas eran diamantes. ¡De hecho, su granja estaba cubierta con diamantes que esperaban ser recogidos! La granja que el buscador de gemas había vendido terminó siendo uno de los depósitos de diamantes más ricos del mundo.

La lección de sabiduría se puede aprender a menudo en las relaciones y experiencias con las que tropezamos a diario. Pídele a Dios que te revele lo que necesitas saber para poder vivir la vida que él desea. Es posible que los recursos que necesites estén delante de ti.

La perseverancia es un gran elemento de éxito; si apenas tocas el tiempo y lo duro suficiente en la puerta, de seguro despertarás a alguien.

Pedid, y se os dará; buscad, y hallaréis; llamad, y se os abrirá.

Lucas 11:9 (LBLA)

Todos conocemos el poder de la gravedad. Cuando dejamos caer un martillo golpea sobre nuestros dedos del pie; nunca flota. Nos caemos hacia abajo, no hacia arriba.¡Pero lo que muchos de nosotros no percibimos es que la *energía* gravitacional de toda la tierra ha sido estimada a la cantidad de apenas un millón de caballos de fuerza! Es posible que un juguete magnético en las manos de un niño tenga miles de veces más energía.

La carencia de energía de la gravedad, es compensada con tenacidad. La gravedad simplemente rehúsa soltar.

No solo es tenaz la gravedad, sino que tiene efectos que alcanzan más allá. La succión de la gravedad parece no tener virtualmente ningún límite, alcanzando a lo largo del universo con un poder casi inimaginable. Es ello lo que mantiene a la luna en órbita alrededor de la tierra, a los planetas girando alrededor del sol y a este junto a billones de otras estrellas, rotando alrededor del centro de nuestra galaxia como un remolino cósmico.

Puede que tú no tengas mucho poder o energía hoy, pero según dice esa frase popular, puedes "perseverar".

¡No ceses de creer! ¡No rindas tu esperanza! Con el tiempo la puerta se abrirá.

Considera la estampilla postal:
su utilidad consiste en
la habilidad de pegarse a una cosa
hasta que llega a su destino.

He peleado la buena batalla,
he terminado la carrera, he guardado la fe.
2 Timoteo 4:7 (LBLA)

En marzo del 1987, Eamon Coughlan corría en una eliminatoria candente del campeonato mundial de campo y pista interior en Indianápolis. El irlandés tenía el sitio de cabecera por sustentar el récord mundial de los mil quinientos metros y era el favorito para ganar la carrera con facilidad. Lamentablemente, tropezó y cayó con fuerza cuando solo faltaban dos vueltas y media por correr. Aun así, se las agenció para levantarse y con gran esfuerzo, alcanzar a los líderes en la carrera. Apenas a veinte yardas por correr, él estaba en tercer lugar, cosa que habría sido suficiente para calificar a la carrera final.

Entonces Coughlan miró sobre su hombro al interior de la pista. Al no ver a nadie, descuidó un poco su esfuerzo. Sin embargo, no había notado que un corredor se acercaba por la parte exterior. Este último le aventajó justo a una yarda de la meta, eliminándolo así de las finales.

El gran esfuerzo de Coughlan por regresar, terminó careciendo de valor por una única razón, por un momento quitó la vista de la meta y se concentró en los competidores.

Concentrarte en una sola cosa es uno de los factores más importantes para alcanzar tus metas en la vida. No dejes que los dichos o actitudes de los demás te distraigan. ¡Corre tu carrera para ganar!

*No le pidas a Dios
lo que piensas que es bueno;
pídele aquello que Él considera
bueno para ti.*

Pero el mayor de vosotros
será vuestro servidor.

Mateo 23:11 (LBLA)

Las personas piensan con frecuencia que los cirujanos del corazón son las divas arrogantes del mundo de la medicina. Pero aquellos que conocen al doctor William DeVries, el cirujano pionero del corazón artificial, no pudieran estar en mayor *desacuerdo*. Sus compañeros en el Hospital Humana Audubon en Louisville, Kentucky, describen al doctor DeVries como el tipo de médico que se presenta los domingos solo para animar a sus pacientes descorazonados. En ocasiones cambia su atuendo, a lo considerado por tradición como un trabajo de enfermera, y si el paciente desea que se quede un poco de tiempo y converse, él siempre lo hace.

DeVries expresa que los amigos son unos «zapatos viejos» que encajan con lo que lleves puesto. A él le gusta ponerse botas de vaquero con su atuendo de cirugía, y a menudo repara los corazones al son de Vivaldi o jazz. "Él siempre ha tenido una sonrisa acechando —dice un cardiólogo de Luisville, doctor Robert Gooding—, y siempre busca la forma de mostrarla".

No importa cuán alto subas, nunca olvides que comenzaste el nivel más bajo. Incluso si naciste entre una gran fortuna y privilegios, fuiste un bebé indefenso. El verdadero éxito no viene por pensar que has llegado al lugar donde otros deban servirte, sino en reconocer que cualquiera que sea tu ubicación, has llegado a una posición donde puedes servir a los demás.

Las oportunidades muy pocas veces traen etiquetas.

El hombre bueno de su buen tesoro saca cosas buenas; y el hombre malo de su mal tesoro saca cosas malas.

Mateo 12:35 (LBLA)

Después de varios meses de romance, Napoleón y Josefina decidieron casarse. El notario que hizo el contrato matrimonial era uno de los amigos de Josefina. Este le aconsejó en secreto que no se casara con "un pequeño y poco conocido oficial sin futuro que no tenía nada que ofrecer aparte de su uniforme y espada". Él pensaba que ella debería encontrar a alguien de mayor valor. Le insinuó que con sus encantos, ella podía atraer a un hombre acaudalado, quizá a un contratista del ejército o a un inversionista de negocios.

Napoleón estaba en el cuarto contiguo mientras el notario daba esta recomendación a su amada. Pudo escuchar cada palabra que se decía. A pesar de ello, no reveló que había escuchado. Años después, sin embargo, tuvo su venganza.

Después de su coronación como emperador, este mismo notario apareció delante de él por asuntos de negocios. Al final de su cita, Napoleón sonrió y comentó a Madame de Beauharnais, ahora que era reina de Francia, que le había venido muy bien, después de todo, casarse con ese "pequeño y desconocido oficial sin futuro que no tenía nada que ofrecer aparte de su uniforme y espada".

El notario se vio forzado a aceptar que a Madame en realidad, le había ido bien. ¡En cuanto a él, aún era notario!

Ten cuidado antes de juzgar a otro. Estás revelando algo sobre ti mismo; tus palabras pueden regresar a hacer estragos en tu persona.

*El sabio hace de inmediato
lo que el necio
deja para el final.*

*Sino acumulaos tesoros en el cielo, donde ni la polilla
ni la herrumbre destruyen, y donde ladrones
no penetran ni roban.*

Mateo 6:20 (LBLA)

Aunque no contamos con los manuscritos originales del Nuevo Testamento, sí tenemos más del 99.9 % de esos textos a causa de la obra fiel de los que los copiaron a través de los siglos.

El copiar era un proceso largo y arduo. En los tiempos antiguos, los copistas no se sentaban en escritorios al escribir, sino de pie o mientras se sentaban en bancas o taburetes, sosteniendo un rollo sobre sus rodillas. Notas al final de algunos rollos nos comentan lo monótono del trabajo:

- "Aquel que no conoce cómo se escribe supone que eso no es un trabajo; pues aunque solo tres dedos escriben, todo el cuerpo trabaja".

- "El escribir joroba la espalda de uno, empuja las costillas contra el estómago y provoca una debilidad general".

- "Mientras los viajantes se regocijan al ver su tierra natal, así también es el final de un libro para aquellos que trabajan".

Por ello, sin el trabajo de fieles copistas, no tendríamos las Escrituras cristianas de hoy día. Como un escriba con acierto anotara: "No hay escriba que no fallezca, pero lo que sus manos han escrito quedará para siempre".

Si en realidad anhelas que tu trabajo perdure, trabaja en cosas que toquen la verdad eterna y la naturaleza de Dios.

*Nada extraordinario jamás
fue alcanzado sin entusiasmo.*

*Como el agua refleja el rostro, así el corazón
del hombre refleja al hombre.*

Proverbios 27:19 (LBLA)

$\mathcal{U}$n joven en una ocasión hizo una cita con un autor bien conocido. La primera pregunta que éste último le formuló fue:

—¿Para qué querías verme?

El joven tartamudeó:

—Bueno, también soy un escritor. Tenía la esperanza de que usted pudiera compartir conmigo algunos de sus secretos para escribir con éxito.

El autor hizo una segunda pregunta:

—¿Qué has escrito?

—Nada —respondió el joven—, al menos nada que haya sido terminado.

El autor hizo una tercera pregunta:

—Bueno, si no has escrito nada, entonces dime, ¿qué estás escribiendo?

El joven respondió:

—Bueno, ahora mismo estoy en el colegio, así que no estoy escribiendo nada de momento.

El autor hizo una cuarta pregunta:

—¿Entonces, por qué te haces llamar escritor?

Los escritores, escriben. Los compositores, componen. Los pintores, pintan. Los trabajadores, trabajan. Lo que tú haces en gran manera define quién eres y en qué te conviertes. ¿Qué dice tu trabajo de ti mismo? Cuando tu trabajo exterior coincide con quién eres en tu interior, has encontrado tu verdadero propósito en la vida y llegarás a estar satisfecho.

Confía en ti mismo
y estás destinado a un desengaño;
confía en Dios y nunca serás
desconcertado en el tiempo
o en la eternidad.

Golpeo mi cuerpo y lo hago mi esclavo.
1 Corintios 9:27 (LBLA)

$\mathcal{D}$urante un juego de fútbol "de regreso a casa", contra el equipo rival Concordia, la Universidad de Augsburg perdía miserablemente. Sin embargo, durante el último cuarto del partido, el jugador David Stevens salió de la banca y desencadenó el fuego. Él inició o dio su apoyo en dos placajes y cuando un jugador de Concordia palpó la pelota, David cayó sobre ella. Mientras sostenía en alto el balón recuperado, la multitud gritó. ¡Fue un momento inolvidable para los fanáticos de Augsburg!

David Lee Stevens nació de una mujer que había tomado talidomida, una droga antináuseas que se administraba a muchas mujeres embarazadas a principios de la década de los sesenta, pronto se comprobó que causaba severos defectos de nacimiento. Los pies de David estaban donde se suponía que comenzaran sus piernas. Abandonado por su madre, David fue adoptado por otra familia. Bee y Bill Stevens impusieron reglas estrictas de comportamiento en David, lo alimentaron y le dieron amor. Insistieron en que él aprendiera a hacer las cosas por sí mismo y nunca lo pusieron en una silla de ruedas. A la edad de tres años, se le adaptaron unas "piernas".

En la escuela, David se volvió líder de los estudiantes, tuvo buenas notas, organizó eventos especiales, y se hizo amigo de nuevos estudiantes. En la escuela superior, él no solo jugaba fútbol, sino pelota, baloncesto y hockey. Fue campeón de lucha libre. Cuando le ofrecieron una placa-licencia para lisiados, él la rehusó diciendo con sencillez: "Eso es para personas que lo necesitan. Yo no soy «lisiado»".

David fue enseñado a disciplinarse a sí mismo, y por eso podía desenvolverse a pesar de su aparente incapacidad. Cualquiera que sea el obstáculo en tu camino, la autodisciplina puede ayudarte a sobreponerte a él o a abrirte paso en medio del asunto.

No te desanimes;
todo aquel que ha alcanzado
una posición presente,
comenzó donde estaba.

Aun por sus hechos da a conocer un muchacho
si su conducta es pura y recta.

Proverbios 20:11 (LBLA)

En la cuarta ronda de un concurso nacional de ortografía en Washington, a Rosalie Elliot de once años de edad, una campeona de Carolina del Sur, se le pidió que deletreara la palabra *confesión*. Su suave acento sureño hizo difícil que los jurados determinaran si ella había usado una e o una a en medio de la palabra. Deliberaron por varios minutos y también escucharon de nuevo la cinta grabada, pero aún no podían determinar qué letra había sido pronunciada. Al fin el juez principal, John Lloyd, hizo la pregunta a la única persona que sabía la respuesta. Él le preguntó a Rosalie "¿Fue la letra una e o una a?

En ese momento, Rosalie, rodeada por jovencitas que le susurraban cómo deletrear, ya sabía cómo deletrear correctamente la palabra. Sin titubear, respondió que había deletreado mal la palabra y había usado una a en lugar de una e.

Mientras ella salía del escenario, toda la audiencia se levantó y aplaudió su honestidad e integridad, incluyendo docenas de reporteros de periódicos que cubrían el evento. Aunque Rosalie no ganó el concurso, definitivamente se convirtió en ganadora aquel día.

Con frecuencia pensamos que lo que somos determina lo que hacemos. De igual manera es cierto que lo que hagas hoy va a determinar, en parte, en lo que te convertirás mañana.

La madurez no viene
con los años; viene
con la aceptación
de responsabilidad.

*Muéstrame tu fe sin las obras,
y yo te mostraré mi fe por mis obras.*

Santiago 2:18 (LBLA)

Durante la guerra de Corea, un civil de Corea del Sur fue arrestado por los comunistas y sentenciado a ser ejecutado. Cuando el joven líder comunista supo que el prisionero a su cargo era el director de un orfelinato, decidió salvarlo. Pero ordenó que el hijo del hombre fuese ejecutado en su lugar. El joven de dieciocho años recibió un disparo en la cabeza en presencia de su padre.

Después de la guerra, las Naciones Unidas capturaron al joven líder comunista. Fue enjuiciado por sus crímenes de guerra y condenado a morir. Pero antes que la sentencia pudiera ser materializada, el cristiano a quien le mataron al hijo, rogó por la vida del asesino. Él argumentó que el comunista era joven cuando ordenó la ejecución y que él en realidad no sabía lo que hacía.

—Dénmelo a mí —pidió el hombre—, y yo lo entrenaré.

Las fuerzas de las Naciones Unidas concedieron esta petición poco usual, y el padre llevó al asesino de su hijo a su propia casa y cuidó de él. El joven comunista, con el tiempo, se convirtió en un pastor cristiano.

Para bien o para mal, lo que nosotros hacemos, habla en alta voz.

¡Cuán vital es que nosotros hagamos lo que hablamos!

El hombre que gana
puede haber sido descalificado
en varias ocasiones,
pero no escuchó al árbitro.

Él te ha declarado, oh hombre, lo que es bueno.
¿Y qué es lo que demanda el Señor de ti,
sino sólo practicar la justicia, amar la misericordia,
y andar humildemente con tu Dios?

Miqueas 6:8 (LBLA)

*P*ara resquebrajar el sistema blanco como la nieve de educación superior de Georgia en la década de 1960, los líderes negros decidieron que apenas necesitaban encontrar dos estudiantes "bien limpios" que no pudieran ser retados en terrenos de moral, intelectual, o educacional. En la discusión de quién podría ser escogido, Alfred Holmes de inmediato ofreció de voluntario a su hijo Hamilton, el principal varón negro de cuarto año de escuela superior en la ciudad. Charlayne Hunter-Gault también dio un paso al frente y expresó interés en aplicar para la universidad. Georgia atrasó el admitir a los dos muchachos bajo argumentos de no tener suficiente espacio en sus dormitorios, el asunto con el tiempo terminó en la corte federal. El juez Bootle ordenó a la universidad aceptar a ambos, por estar calificados en todo aspecto, de este modo terminó el separatismo a nivel universitario en el estado y pronto en la nación.

El abogado General Robert Kennedy declaró en un discurso tiempo después: "Sabemos que es la ley lo que capacita a los hombres a vivir juntos, que crea el orden del caos... Y sabemos que si le son negados los derechos a un hombre, los derechos de todos están en peligro".

La justicia puede ser universal, pero siempre comienza a nivel individual. ¿Hay alguien a quien puedas tratar con más justicia hoy?

Un buen oyente no es
solo popular dondequiera,
sino que después de un tiempo,
él sabe algo.

Olvidando lo que queda atrás
y extendiéndome a lo que está delante.
Filipenses 3:13 (LBLA)

El Hospital Willingway es uno de los principales centros en la nación para tratar la adicción al alcohol y las drogas. No habría otro lugar como Willingway, de no haber sido por Dot y John, quienes en una ocasión parecieron ser los peores candidatos para fundar tal hospital. Al principio de su noviazgo, Dot y John bebían mucho y después que contrajeron matrimonio, comenzaron a tomar anfetaminas. John, doctor en medicina, fue arrestado por recetarse a sí mismo narcóticos. Pasó seis meses en la cárcel y con el tiempo cayó de rodillas y clamó a Dios por ayuda para vencer su adicción.

Cuando John regresó a su práctica médica libre de la droga y el alcohol, comenzó a recibir remisiones de otros médicos para tratar a sus pacientes alcohólicos. Dot y John pusieron tres camas debajo del candelabro de su propio comedor como una habitación de desintoxicación. Entre sus pacientes, estuvieron tres de sus cuatro hijos, quienes luchaban contra adicciones.

Como se esparcía su reputación de compasión, establecieron un hospital de cuarenta camas en once acres cerca de su casa. El candelabro aún cuelga del cuarto de desintoxicación como un símbolo de esperanza. Los cuatro hijos han trabajado como empleados médicos o administrativos de Willingway. Con la ayuda de Dios, ellos en realidad se volvieron una familia en "plena recuperación".

A pesar de nuestro pasado, el futuro es una pizarra en blanco esperando a que se escriba en ella.

Puede que estés desencantado si fracasas, pero estás marcado para el fracaso si no tratas.

El alma generosa será prosperada,
y el que riega será también regado.

Proverbios 11:25 (LBLA)

*U*n sabio anciano dio a tres jovencitos, tres granos de maíz y les exhortó a ir por el mundo y usarlos de modo que les trajera buena fortuna.

El primer jovencito puso sus tres granos de maíz dentro de un plato de caldo caliente y se los comió. El segundo pensó: *Puedo hacer algo mejor que eso*, y plantó sus tres granos. En pocos meses, tuvo tres espigas de maíz. Tomó las mazorcas, las hirvió y tuvo suficiente maíz como para tres cenas.

El tercer hombre se dijo: *¡Puedo hacer algo mejor!* También plantó los tres granos de maíz; cuando sus tres espigas produjeron, limpió una de las mazorcas y plantó todas las semillas que había en ella, dio la segunda mazorca de maíz a una dulce doncella y se comió la tercera. ¡Las semillas que replantó le produjeron 200 mazorcas de maíz! Y él continuó sembrando las semillas de estas mazorcas, apartando solo una cantidad mínima para comer. Llegó a plantar cien acres de maíz. Con su fortuna, no solo ganó la mano de su dulce doncella, sino que también compró la tierra que poseía el padre de esta. Nunca volvió a tener hambre.

Si deseas tener en la vida, primero tienes que aprender a dar.

El éxito nunca es definitivo;
el fracaso nunca es algo fatal;
lo que cuenta es el valor.

A fin de que no seáis indolentes, sino imitadores
de los que mediante la fe y la paciencia
heredan las promesas.

Hebreos 6:12 (LBLA)

$\mathcal{E}$n 1928, una joven estudiante de enfermería, ambiciosa y alegre fue diagnosticada con tuberculosis. Su familia la envió a una casa de cuidados en Saranac Lake por varios meses de "cura". ¡Ella quedaría postrada en cama durante veintiún años! La mayoría de las personas se habrían dado por vencidas, pero no Isabel Smith. Ella se acercó al umbral de la muerte en varias ocasiones; nunca cesó de perseguir el arte de vivir. Leía de forma voraz, amaba el escribir cartas, estudió geografía y enseñó a otros pacientes a leer y escribir. Desde su cama, estudió energía atómica con otro paciente, un joven físico y organizó una municipalidad de ese tópico.

Estando enferma, conoció a un hombre amable y bondadoso, que también era paciente del sanatorio. Soñaba con casarse con él y tener una pequeña casa "debajo de las montañas". En su momento más decadente, su sueño la hizo seguir adelante, y en 1948, se casaron. Entonces ella escribió un libro sobre "todas las cosas buenas que me ha ofrecido la vida"*(Wish I Might)*, publicado en 1955 y ganó lo suficiente como para comprar un lugar de retiro en la montaña.

¿Una vida trágica? ¡Lo dudo! Isabel Smith logró todo lo que se propuso, incluso cuando casi todas las probabilidades estaban contra ella. Aún postrada en cama, nunca dejó de crecer, aprender y dar.

*Considero más valiente
el que vence sus deseos
que aquel que conquista
a sus enemigos; porque
la victoria más difícil
es aquella sobre uno mismo.*

Por lo demás, hermanos, todo lo que es verdadero,
todo lo digno, todo lo justo, todo lo puro, todo lo amable,
todo lo honorable, si hay alguna virtud o algo
que merece elogio, en esto meditad.

Filipenses 4:8 (LBLA)

De acuerdo con una vieja leyenda, dos monjes llamados Tanzan y Ekido viajaban juntos por una vía enlodada. Fuertes lluvias de monzón habían saturado el área y estaban agradecidos por unos momentos de sol para hacer su viaje. En poco tiempo, dieron la vuelta a una curva y encontraron a una hermosa muchacha vestida con un kimono de seda. Ella reflejaba una gran tristeza mientras miraba la vía enlodada delante de ella.

En el acto, Tanzan reaccionó ante su condición.

—Ven acá, muchacha —le dijo. Luego levantándola en sus brazos, la llevó por encima del lodo resbaladizo y la puso en el otro lado de la carretera.

Ekido no le volvió a hablar de nuevo a Tanzan. Este último comprendió que algo le había molestado profundamente, pero sin importar cuánto trató, no pudo hacer que Ekido le hablara. Esa noche, después de haber llegado al lugar donde se hospedarían, Ekido no pudo refrenar más su enojo y desencanto.

—Nosotros los mojes no nos acercamos a las mujeres —dijo a Tanzan con voz aguda—. En especial a las mujeres solteras y hermosas. Es peligroso. ¿Por qué lo hiciste?

—Yo dejé a la muchacha allá, Ekido —respondió Tanzan.

Y luego le hizo la pregunta clave:

—¿Estás aún cargándola a ella?

Entrena tu mente a pensar en cosas puras. Haz una decisión consciente de dejar cualquier pensamiento que no esté en línea con las enseñanzas de la Biblia. ¡Lleva esos pensamientos cautivos! (Ver 2 Corintios 10:5)

La necesidad mayor del mundo es la visión. No hay situaciones desesperadas, solo personas que piensan de forma desesperada.

¡Sé fuerte y valiente! No temas ni te acobardes, porque el Señor tu Dios estará contigo dondequiera que vayas.

Josué 1:9 (LBLA)

*H*ubo una vez un jovencito que vivió una de las vidas más miserables. Huérfano antes de los tres años; fue recogido por extraños. Fue expulsado del colegio, sufrió la pobreza y como resultado de heredar debilidad física, desarrolló un serio problema en el corazón siendo adolescente. Su amada esposa murió al comienzo de su matrimonio. Vivió como un inválido la mayor parte de su vida adulta, y murió a la joven edad de cuarenta años. Según todas las apariencias, él fue derrotado por la vida y sentenciado a ser olvidado por la historia.

Aún así, nunca dejó de intentar expresarse y alcanzar el éxito durante los veinte años de vida de carrera activa. En ese período, él produjo algunos de los más brillantes artículos, ensayos y críticas que se hayan escrito jamás. Su poesía aún se lee extensamente y la estudian casi todos los estudiantes de las escuelas superiores de los Estados Unidos. Sus cuentos cortos e historias de detectives son famosos. Uno de sus poemas, exhibido en la famosa Biblioteca de Huntington en California, ha sido valorado en más de cincuenta mil dólares, mucho más de lo que este joven ganara en toda su vida.

¿Su nombre? Edgar Allan Poe.

¡Las circunstancias no afectan tus oportunidades para el éxito tanto como tu nivel de esfuerzo!

Las personas están solitarias
porque ellas edifican murallas
en lugar de puentes.

*Extendiéndome a lo que está delante,
prosigo hacia la meta para obtener el premio
del supremo llamamiento de Dios en Cristo Jesús.*

Filipenses 3:13-14 (LBLA)

Después de haberse caído dos veces en las carreras olímpicas de velocidad de patinaje sobre hielo de 1988, Dan Jansen buscó al psicólogo de deportes, el doctor Jim Loehr, quien le ayudó a encontrar un nuevo balance entre el deporte y la vida y a prestar más atención a los aspectos mentales del patinaje sobre hielo. Peter Mueler se convirtió en su entrenador, haciéndole entrenar de formas que desde entonces Dan ha descrito como las "más arduas que he conocido". Para las Olimpiadas de 1994, Jansen tenía más confianza que nunca. Había establecido un récord mundial de quinientos metros, justo dos meses antes. ¡Esa carrera parecía ser toda suya!

Durante la carrera de los quinientos metros, Jasen se cayó. Estaba temblando. El doctor Loehr de inmediato le aconsejó: "Comienza a prepararte para la de mil metros. Coloca la de quinientos detrás de ti de inmediato. Deja de revivirla. ¡La de mil! Por años Dan había sentido que no podría ganar en esa categoría. Siempre la había considerado su evento débil. Ahora, esta era su última oportunidad para una medalla olímpica. Cuando comenzó la carrera, Jasen dijo: "Me parecía que iba navegando" y luego resbaló y cayó a una pulgada de su carril. Aún, no tuvo pánico. ¡El siguió la carrera y registró un tiempo récord mundial que le otorgó la medalla de oro!

Una vez que alcanzas una meta o dominas una técnica, eleva tus aspiraciones. A medida que te acerques a cada una, establece otra nueva. ¡No te intimides! Tu meta más difícil puede ser tu mayor triunfo.

Perdonar quiere decir ceder
tu derecho a castigar
a otra persona.

¿Busco ahora el favor de los hombres o el de Dios?
Gálatas 1:10 (LBLA)

$\mathcal{U}$na vez, un joven estudió violín con un maestro de renombre mundial. Trabajó arduo durante varios años para perfeccionar su talento y al fin llegó el día cuando se le pidió que diera su primer importante recital en público, en la gran ciudad donde vivían ambos, él y su maestro. Luego de cada selección que él presentaba con gran habilidad y pasión, el violinista parecía receloso ante los grandes aplausos que recibía, aun sabiendo que aquellos en la audiencia eran astutos en la música y no dados a aplaudir presentación alguna que no fuera de calidad superior. El joven actuaba como si no pudiera escuchar el aprecio que era derramado sobre él.

En el cierre del último número, los aplausos fueron estruendosos y se escucharon numerosos "Bravos". No obstante, el talentoso joven violinista tenía sus ojos fijos en un solo lugar. Al fin, cuando un anciano en la primera fila del balcón sonrió y asintió con su cabeza en señal de aprobación, el joven se calmó y brilló con alivio y gozo. ¡Su maestro había alabado su trabajo! Los aplausos de miles no significaron nada hasta que él ganó la aprobación de su maestro.

¿A quién intentas agradar hoy? Nunca podrás agradar a todos, pero sí a Aquel que es más importante, tu Padre Dios. Mantén tus ojos en él y no fracasarás.

El único ingrediente principal en la fórmula para el éxito es saber cómo llevarse bien con las personas.

¡Porque la paciencia crece mejor cuando el camino es escabroso! ¡Déjenla crecer! ¡No huyan de los problemas!...
Santiago 1:3-4 (La Biblia al Día).

$\mathcal{L}$os ingenieros contratados para construir un puente de suspensión sobre el río Niágara enfrentaron un serio problema: cómo llevar el primer cable de un lado del río hasta el otro. El río era demasiado ancho como para tirar un cable al otro lado y excesivamente rápido para ser cruzado en bote.

¡Al final un ingeniero trajo una solución! Con un viento calmado y favorable, se alzó un papalote y se le dejó ir río arriba y aterrizar en el lado opuesto. Atado al papalote había un cordel muy liviano, ensartado a la punta de modo que ambos extremos del hilo estaban en las manos del que volaba el papalote. Una vez que este estuvo en las manos de los ingenieros en el otro lado, ellos quitaron el papalote del cordel e hicieron una polea. Una soga fina estaba atada a una de las puntas del cordel original del papalote y fue tirada al otro lado del río. Al final de ella, había una pieza de soga que también fue tirada al otro lado y así se continuó hasta que un cable lo suficiente fuerte como para aguantar el cable de hierro que sostendría el puente, pudo ser arrastrado a través de las aguas.

¡Deja que tu fe se remonte como un papalote! Déjaselo a Dios, creyendo que él podrá y te ayudará. Cuando vinculas tu fe desatada con paciencia y persistencia, tendrás lo necesario para enfrentar potencialmente cualquier problema.

El secreto del éxito es ser como un pato, suave y sereno por encima, pero pataleando con furia por debajo.

He trabajado mucho más que todos ellos, aunque no yo, sino la gracia de Dios en mí.

1 Corintios 15:10 (LBLA)

$\mathcal{W}$allace E. Johnson, presidente del Holiday Inns y uno de los constructores norteamericanos de más éxito, dijo en una ocasión: "Yo siempre mantengo una carta en mi billetera con los siguientes versos: *Pedid, y se os dará; buscad, y hallaréis; llamad, y se os abrirá. Porque todo aquel que pide, recibe; y el que busca, halla; y al que llama, se le abrirá* (Mateo 7:7-8).

Estos versos se encuentran entre las mejores promesas de Dios. Sin embargo, son bien unilaterales. Ellos indican una filosofía de recibir pero no de dar. Un día mientras mi esposa Alma y yo buscábamos la dirección de Dios para un problema personal, tropecé con el siguiente verso que ha sido desde entonces mi recordatorio diario de cuál es mi responsabilidad como hombre para Dios: *Procura con diligencia presentarte a Dios aprobado, como obrero que no tiene de qué avergonzarse, que usa bien la palabra de verdad* (2 Timoteo 2:15).

Desde entonces he medido mis acciones en contraste con la frase: *Un obrero que no tiene de qué avergonzarse*.

FE POR DENTRO + OBRAS POR FUERA = ¡UNA VIDA DE ÉXITO!

El hombre alegre hará más
en el mismo tiempo, lo hará mejor,
lo preservará por más tiempo,
que el triste o huraño.

Todos los días del afligido son malos,
pero el de corazón alegre tiene un banquete continuo.
Proverbios 15:15 (LBLA)

*S*e le escuchó a un pequeño niño hablarse a sí mismo mientras salía caminando alegre de su casa hacia el patio, llevando consigo una pelota y un bate. Una vez en el patio, dio un golpecito a su ansioso perrito con su gorra de pelotero y tomando su bate y pelota, anunció en voz alta: ¡Soy el mejor bateador del mundo!

Luego se dispuso a tirar la pelota al aire, balancear el bate y fallar. "¡Primera recta!" —gritó como si estuviera haciendo el papel del árbitro.

Recogió la pelota, la tiró al aire y exclamó otra vez: "¡Soy el mejor bateador que jamás haya existido!" De nuevo balanceó el bate contra la pelota y falló. "¡Segunda recta!" —anunció a su perro y al patio.

A pesar de la dificultad, él recogió la pelota, examinó su bate, y luego justo antes de tirar la bola al aire, anunció una vez más: "¡Soy el mejor bateador que haya vivido!" Balanceó con fuerza el bate, pero falló por tercera vez. "¡Tercera recta!" —gritó. Luego añadió, "¡Guao! ¡Qué lanzador! ¡Soy el mejor lanzador de todo el mundo!

Una actitud mental positiva llega muy lejos, para hacer que un trabajo difícil parezca algo simple.

El dinero es un buen siervo
pero un mal amo.

El rico domina a los pobres,
y el deudor es esclavo del acreedor.

Proverbios 22:7 (LBLA)

A la edad de veinticuatro años, el consultor financiero y autor Ron Blue sintió que tenía todo lo necesario para ser triunfador —una maestría en Administración de Negocios, un certificado de contador público autorizado y una posición prestigiosa en la oficina de la Ciudad de Nueva York de la mayor firma mundial de contaduría. Entonces, a la edad de treinta y dos años, entregó su vida a Jesucristo y comenzó a ver la existencia desde una perspectiva diferente. Cuando trató de establecer su propia firma de consultoría financiera, utilizó sus habilidades para desarrollar un plan de negocio y preparar una línea de crédito de diez mil dólares en un banco. Casi de inmediato, sintió la convicción de que Dios no deseaba que él pidiera dinero prestado para comenzar su negocio. Canceló su línea de crédito, sin saber qué hacer después, con la certeza de que no debía endeudarse.

Un día, mientras explicaba su idea de negocio a un amigo, este le dijo: "¿Considerarías diseñar un seminario financiero para nuestros ejecutivos que están a punto de retirarse?" Ron brincó ante la oportunidad. Su amigo era el director de entrenamiento de una compañía grande y en ella estuvieron de acuerdo en pagar seis mil dólares por adelantado para desarrollar el seminario, luego mil dólares para cada uno de cuatro seminarios durante un año. Ron tuvo los diez mil dólares que necesitaba sin pedir ni diez centavos prestados.

Haz lo mejor que puedas para mantenerte fuera de deudas. Te sentirás más libre y Dios te bendecirá por confiar en él.

Ningún plan vale ni el costo
del papel en que está impreso
a menos que te impulse
a emprender algo.

*Sed hacedores de la palabra y no
solamente oidores que se engañan a sí mismos.*

Santiago 1:22 (LBLA)

Nelson Diebel, un niño hiperactivo y delincuente, fue matriculado en la escuela The Peddie. Allí conoció al entrenador de natación, Chris Martin, quien creía que mientras más uno practica, se desenvolverá mejor. En un mes, logró que Nelson nadara de treinta a cuarenta horas semanales, aunque le era imposible sentarse tranquilo en el salón de clase por quince minutos. Martin advirtió el potencial en Nelson. De continuo estableció nuevas metas al muchacho, intentando que él se concentrara y transformara su enojo en fortaleza. Con el tiempo, Nelson clasificó para los Juveniles Nacionales, y su velocidad lo hizo calificar para las Olimpiadas.

Entonces Nelson se rompió ambas manos y brazos en un accidente de clavado. Los doctores le advirtieron que posiblemente nunca volvería a estar en óptimas condiciones. Martin le dijo: "Te vas a recuperar por completo... Si no te comprometes a ello, nos detendremos ahora mismo. Nelson estuvo de acuerdo y en pocas semanas, después que le quitaron los yesos, estaba nadando de nuevo.

En 1992, Nelson Diebel ganó una medalla olímpica de oro. Mientras aceptaba su medalla, recuerda que pensó: *¡Planeé, soñé, trabajé muy fuerte y lo logré!* El muchacho que una vez no podía estarse quieto y no tenía ambición alguna había aprendido a planificar, perseverar y lograr. ¡Se había convertido en un ganador en mucho más que nadar!

Deja que tus planes te motiven a comenzar a trabajar hacia tus metas. ¡Sueña grandes sueños!

La vida es una moneda.
Puedes gastarla como desees,
pero solo una vez.

Y así como está decretado que los hombres
mueran una sola vez, y después de esto, el juicio.

Hebreos 9:27 (LBLA)

Frank, dirigente y fundador de la principal firma de construcción, rehusó celebrar las fiestas, diciendo apenas: "La Navidad es para los niños". Luego, un vivaz día de diciembre, Frank estaba caminando hacia el trabajo y fue atraído hacia una escena de Navidad en una vidriera de una tienda por departamentos. Volvió a ver al Niño. Mientras se alejaba, un letrero al otro lado de la calle llamó su atención. "Hogar de los santos inocentes". Su mente regresó a una lección de la escuela dominical años atrás sobre cómo el Rey Herodes había temido al Niño Jesús y asesinó a infantes en Belén. Recordó el día en que su propio hijo, David había muerto a la edad de dieciocho meses. Él no había podido pronunciar su nombre desde entonces.

Con un impulso, Frank visitó la biblioteca y se sorprendió al saber que se estimaba que los hombres de Herodes habían asesinado alrededor veinte niños. Salió de la biblioteca con una misión. Más tarde esa noche, le dijo a su esposa Adele, que había visitado un orfelinato y que dio dinero para la construcción de una nueva ala. Luego le dijo: "La van a llamar David". Lo que Frank no contó a su esposa era que él tuvo una visión de veinte niños jugando en la sección nueva de los Santos Inocentes. Mientras Adele lo abrazaba la visión volvió, pero en esta ocasión, eran veintiuno los niños que jugaban.

No pierdas la oportunidad de dedicar tu vida a algo valioso. Puede que tengas varias oportunidades, unas grandes y otras pequeñas, pero ninguna de ellas será insignificante.

Solo pasiones, grandes pasiones,
pueden elevar el alma
a grandes cosas.

Fervientes en espíritu,
sirviendo al Señor.

Romanos 12:11 (LBLA)

El escultor alemán, Dannaker, trabajó por dos años en una estatua de Cristo hasta que le pareció que estaba perfecta. Llamó a una pequeña niña a su estudio, señaló a la estatua y le preguntó:

—¿Quién es ese?

Ella lo miró por un momento, y luego sus ojos se le llenaron de lágrimas mientras cruzaba sus brazos en su pecho y decía:

—*Deja a los niños venir a mí (Marcos 10:14)*.

En esta ocasión Dannaker supo que había tenido éxito.

Luego, el escultor confesó que durante esos seis años, Cristo se le había revelado en una visión, y su parte fue transferir al mármol lo que él había visto con sus ojos internos.

Más tarde, cuando Napoleón Bonaparte le pidió que hiciera una estatua de Venus para el Louvre, Dannaker rehusó.

—Un hombre —dijo él— que ha visto a Cristo nunca puede emplear sus dones en esculpir una diosa pagana. Mi arte es, por tanto, algo consagrado.

El verdadero valor de un trabajo no viene de un esfuerzo, ni por su acabado, sino de Cristo que lo inspira.

Los fracasos necesitan métodos placenteros, los éxitos, resultados satisfactorios.

Ciertamente, ninguna disciplina, en el momento de recibirla, parece agradable, sino más bien penosa; sin embargo, después produce una cosecha de justicia y paz para quienes han sido entrenados por ella.

Hebreos 12:11 (NVI)

El padre de Sadie Delaney le enseñó a luchar siempre para actuar mejor que su competencia. Ella probó el valor de esa lección poco antes de recibir su licencia de maestra. Un supervisor vino a observarla a ella y a otros dos estudiantes de pedagogía. Su asignación era enseñar a una clase a hornear galletitas. Ya que el supervisor no podía esperar que cada maestro diera la lección por completo, la dividió y a Sadie se le indicó enseñar a las niñas cómo servir y limpiar.

La primera estudiante de pedagogía entró en pánico y olvidó acortar la receta y poner a calentar el horno. La segunda muchacha estaba tan atrasada por el error de la primera, que los estudiantes hicieron un reguero al formar y hornear las galletitas. Entonces era el turno de Sadie. Ella dijo a las niñas:

—Escuchen, tenemos que trabajar juntas como equipo.

Con rapidez hornearon la masa que quedaba. Varias niñas estaban alineadas para limpiar los moldes tan pronto como las galletitas salieran del horno. En menos de diez minutos, tuvieron varias docenas de perfectas galletitas y una cocina limpia. El supervisor quedó tan impresionado que ofreció a Sadie una licencia de maestra substituta. Sadie pronto se convirtió en la primera persona negra que hubiera jamás enseñado ciencias domésticas en las escuelas superiores públicas de la ciudad de Nueva York.

Incluso cuando tengas todo el derecho de culpar a los que te han precedido, no des excusas. ¡Haz lo necesario para lograr la obra!

Una vez que se deja escapar una palabra, no puede ser recogida.

No salga de vuestra boca ninguna palabra mala,
sino sólo la que sea buena para edificación,
según la necesidad del momento, para que imparta
gracia a los que escuchan.

Efesios 4:29 (LBLA)

$\mathcal{U}$n hombre se sentó una vez a cenar con su familia. Antes que comenzaran a comer, los miembros de la familia unieron sus manos alrededor de la mesa y el hombre hizo una oración, agradeciendo a Dios por el alimento, las manos que los prepararon y por la fuente de toda vida. Durante la cena, sin embargo, él se quejó por lo viejo que estaba el pan, el amargor del café y por un poco de moho que encontró en una punta del pedazo de queso. Su joven hija le preguntó:

—¿Papá, crees que Dios te oyó dando las gracias antes de la cena?

—Por supuesto, querida —le respondió con confianza.

Luego ella le inquirió:

—¿Crees que Dios escuchó todo lo que se dijo durante la cena?

El hombre le respondió:

—Pues sí, yo creo que sí. Dios escuchó todo.

Ella pensó por un momento y luego argumentó:

—¿Papi, cuál de las dos conversaciones piensas que Dios creyó?

El Señor escucha todo lo que decimos durante el día, no solo esas palabras que están dirigidas a él en específico. Una vez que has dicho algo, no puedes tomarlo de regreso. ¿Te molestaría si Dios escuchara tu conversación?

La mayoría de las cosas
valiosas del mundo han sido
declaradas como imposibles
antes de que ellas
fueran hechas.

Para Dios todo es posible.
Mateo 19:26 (LBLA)

Considera estos ejemplos de resistencia a ideas e invenciones que ahora consideramos comunes.

1. En Alemania, los "expertos" probaron que si los trenes iban tan rápido como a quince millas por hora —considerada una velocidad temeraria— sangre brotaría por la nariz y los pasajeros se ahogarían al atravesar un túnel. En los Estados Unidos, los expertos dijeron que el comienzo del ferrocarril requeriría la construcción de muchos asilos para dementes ya que las personas se volverían locas por el terror a la vista de las locomotoras.

2. El YWCA de Nueva York anunció lecciones de mecanografía para mujeres en 1881 y fuertes protestas irrumpieron sobre la base de que la constitución femenina se quebrantaría bajo la tensión.

3. Cuando la idea de los barcos de hierro fue propuesta, los expertos insistieron que no podrían flotar, que se dañarían con más facilidad que los de madera cuando encallaran, que sería difícil preservar el fondo de hierro del óxido y que el hierro confundiría la lectura de la brújula.

4. Los granjeros de Nueva Jersey resistieron el primer arado de hierro que se inventó y funcionó en 1797, reclamando que el casco de hierro envenenaría la tierra y estimularía el crecimiento de las hierbas malas.

No dejes que la palabra "imposible" te detenga. Si los inventores y personas de visión dejaran toda "tarea imposible" sin hacer, nuestras vidas serían considerablemente más difíciles. ¡Nada que valga la pena hacer será imposible con la ayuda de Dios!

*Obstáculo es aquello
espeluznante que ves
cuando quitas tu vista
de la meta.*

*Y descendiendo Pedro... caminó sobre las aguas,
y fue hacia Jesús. Pero viendo la fuerza del viento
tuvo miedo, y empezando a hundirse gritó.*

Mateo 14:29-30 (LBLA)

$\mathcal{D}$urante los oscuros días de la Guerra Civil, las esperanzas de los de la Unión casi se desvanecen. Cuando ciertas metas parecían inalcanzables los líderes de la Unión se volvieron hacia el Presidente Abraham Lincoln en busca de consuelo, dirección y ánimo. En una ocasión cuando una delegación llamó a la Casa Blanca y detalló una larga lista de crisis que encaraba la nación, Lincoln contó esta historia:

—Años atrás un joven amigo y yo, salimos una noche cuando cayó una lluvia de meteoros en un cielo claro de noviembre. El joven se asustó, yo le dije que mirara arriba al cielo más allá de las estrellas que caían, a las estrellas fijas más allá, brillantes, serenas en el firmamento, y expresé 'No nos preocupemos por los meteoros sino mantengamos nuestra vista en las estrellas.'

Cuando los tiempos son difíciles o la vida parece estar cambiando demasiado rápido, mantén tus ojos interiores de la fe y la esperanza en esas cosas que sabes que son duraderas y seguras. No limites tu visión a lo que conoces a aquellos con quien te relacionas. Concéntrate en Aquel a quien conoces. Solo Dios y una relación con él, que es eterno, es la meta suprema. Él nunca cambia y no puede ser removido de su lugar como el Rey de Gloria.

Una buena reputación es más
valiosa que el dinero.

*Más vale el buen nombre
que las muchas riquezas.*

Proverbios 22:1 (LBLA)

En *Up from Slavery,* Booker T. Washington describe cuando conoció a un ex esclavo de Virginia:

"Supe que este hombre había hecho un contrato con su dueño, dos o tres años antes de la proclamación de la emancipación, en el que al esclavo se le admitía comprarse a sí mismo, pagando mucho dinero al año por su cuerpo; y mientras lo hacía, se le permitía trabajar donde y para quien él quisiera.

Descubriendo que podía asegurar mejor salario en Ohio, él fue allá. Cuando llegó la libertad, aún debía a su dueño unos 300 dólares.

A pesar de que la proclamación de la emancipación le concedía la libertad de cualquier obligación con su dueño, este negro caminó la mayor parte de la distancia de regreso a donde su antiguo amo vivía en Virginia, y le puso en sus manos hasta el último dólar, con intereses.

Hablando conmigo sobre esto, el hombre me dijo que él sabía que no tenía que pagar su deuda, pero había dado su palabra a su amo y él nunca había roto su compromiso. Sentía que no podía disfrutar su libertad hasta que cumpliera con su promesa".

¡Tu habilidad de mantener tu palabra, no tu habilidad de adquirir dinero, es tu verdadera medida como persona!

Un error no se vuelve una falta hasta que rehúsas corregirlo.

*Por senda de vida va el que guarda la instrucción,
mas el que abandona la reprensión se extravía.*

Proverbios 10:17 (LBLA)

$\mathcal{U}$n conserje del Banco First Security en Boise, Idaho, en una ocasión, por accidente, puso en la basura una caja de ocho mil cheques que valían ochocientos cuarenta mil dólares. Esa noche, el operador del triturador de papeles con diligencia vació la caja de cheques en su máquina, cortando así los cheques en pedacitos de un cuarto de pulgada. Luego vació los pedacitos de papel en un latón de basura en las afueras del banco. A la mañana siguiente, cuando el supervisor se percató de lo que había pasado, quería llorar.

La mayoría de los cheques habían sido cambiados en el banco y estaban esperando ser enviados a la casa de cobro. Su pérdida representaba la pesadilla de un contador ya que la mayoría de los cheques estaban aún sin registrar y como resultado, los banqueros no podían saber quién pagó qué a quién.

¿Qué hizo el supervisor? Ordenó que los pedacitos de papel fueran reconstruidos. Entonces, cincuenta empleados trabajaron en dos turnos, seis horas al día dentro de seis habitaciones, cambiando, combinando, pegando los pedazos como si fuera un rompecabezas, hasta que los ocho mil cheques fueron reconstruidos.

Humpty Dumpty puede que se haya caído de la muralla. ¿Pero los hombres del rey acaso trataron de pegar sus pedazos? ¡Si cometes un error, trabaja en la solución!

Odiar a las personas es como quemar tu propia casa para deshacerte de las ratas.

Pero si os mordéis y os devoráis unos a otros, tened cuidado, no sea que os consumáis unos a otros.

Gálatas 5:15 (LBLA)

Después de dos años en la marina, Willard Scott regresó a su viejo trabajo en la radio NBC, pero a un nuevo supervisor. Willard, a cada momento, estaba incómodo con su nuevo jefe y se ponía furioso cuando posponía "Joy Boys", un programa de comedia que Willard hacía con Eddie Walker, para el peor horario de la radio, entre las ocho y la medianoche. Willard estaba preparado a una confrontación de cambio o retirada, cuando recordó Proverbios 19:11, *La discreción del hombre le hace lento para la ira, y su gloria es pasar por alto una ofensa.* Él y Eddie decidieron trabajar hasta el máximo y en tres años, hicieron de "Joy Boys" el programa de mayor nivel de popularidad en Washington.

Willard dice, "Aprendí que yo también estaba equivocado. En todos mis asuntos con mi jefe, yo había agravado el problema. Sabía que no le caía bien y en respuesta yo era escasamente cívico con él y lo esquivaba lo más posible. Pero un día él me invitó a una fiesta de la estación que yo no podía evadir. Allí conocí a su prometida. Ella era inteligente, viva y práctica. *¿Cómo una mujer como ella podía interesarse en alguien de quien no se tendría nada que recomendar?* Pude descubrir una nueva perspectiva dentro del carácter de mi jefe. Con el paso del tiempo mi actitud cambió y también la suya.

Willard y su jefe se volvieron amigos y él permaneció en NBC.

¿Hay alguien con quien te sientas incómodo? Si estás buscando las cualidades negativas en la persona, de seguro las encontrarás. Trata de verlas con nuevos ojos. Una perspectiva fresca puede cambiarlo todo.

La risa es el sol que aleja el invierno del rostro humano.

El corazón gozoso alegra el rostro, pero en la tristeza del corazón se quebranta el espíritu.

Proverbios 15:13 (LBLA)

$\mathcal{U}$n misionero de Suecia fue una vez exhortado por sus amigos a desistir de su idea de regresar a la India porque allí había calor.

—Hombre —el compañero sueco exhortó, como si dijera a su amigo algo que él aún no supiera—, ¡hay 120 grados en la sombra en ese país!

El misionero sueco respondió:

— Bueno, ¿no siempre tenemos que quedarnos en la sombra, verdad?

El humor no es un pecado. Es un escape dado por Dios. Poder ver el lado mejor de la vida es una virtud. Cada vocación y circunstancia de la vida tiene su lado bueno, si estamos dispuestos a verlo. El buen humor puede hacer mucho para ayudar a disipar la tensión de una situación candente. Para desarrollar un buen sentido del humor, tenemos que ser capaces de reírnos de nuestros propios errores; aceptar la crítica justificada y recuperarnos de ella; aprender a evadir el uso de frases no apropiadas, aunque puedan ser cómicas.

James M. Gray y William Houghton, dos santos varones, oraban juntos un día y el anciano doctor Gray terminó su oración diciendo, "Señor, manténme alegre. Cuídame de convertirme en un viejo malhumorado".

Mantener un buen sentido del humor es una gran manera de convertirse en una persona dulce, paciente y de exhortación. ¡Aprende a reírte de ti mismo en ocasiones!

Una buena naturaleza concibe sonrisas, las sonrisas conciben amistades y las amistades son mejor que la fortuna.

La luz de los ojos alegra el corazón,
y las buenas noticias fortalecen los huesos.

Proverbios 15:30 (LBLA)

Se ha estimado que más del noventa y cinco por ciento de los norteamericanos reciben al menos una o más tarjetas de Navidad cada año. ¡El promedio es en realidad más de setenta tarjetas por familia! Millones de tarjetas son enviadas por correo por todo el mundo cada época de fiesta. ¿Te has preguntado alguna vez dónde comenzó esta costumbre?

Un director de museo a mediados del siglo diecinueve tenía el hábito de enviar notas a sus amistades en tiempo de Navidad, cada año, solo para desearles unos días de fiestas felices. Un año, él tuvo poco tiempo para escribir y aún deseaba enviar un mensaje de buena voluntad. Pidió a su amigo John Horsely que diseñara una tarjeta que él pudiera firmar y enviar. A aquellos que recibieron las tarjetas les gustó tanto, que crearon las suyas propias. ¡Así fueron inventadas las tarjetas de Navidad!

A menudo son los gestos sencillos que salen del corazón, los que en la vida, hablan más fuerte de la amistad. Pregúntate hoy día, *¿Qué puedo hacer para traer una sonrisa al rostro de un amigo? ¿Qué puedo hacer para traer buen ánimo a la vida de alguien que está en necesidad, problemas, enfermedad o tristeza?*

Dale seguimiento a tu respuesta. ¡No vale tanto el regalo que estás haciendo, como la amistad que estás edificando!

Ninguna persona jamás fue
honrada por lo que recibió.
El honor fue la recompensa
de lo que dio.

El justo da y nada retiene.
Proverbios 21:26 (LBLA)

$\mathcal{E}$ste norteamericano recibió un título de medicina del Colegio de Medicina de la Universidad de Nueva York. Recibió una asignación para el Laboratorio de Investigación de Virus, en la Universidad de Pittsburgh. Le fue indicado por parte del ejército desarrollar una vacuna contra la influenza y entre los muchos honores que recibió se encuentra la Medalla Presidencial de la Libertad.

Sin embargo, Jonas Salk no es conocido por lo que recibió, sino por lo que ofreció. Él y su grupo de investigadores dieron su esfuerzo para preparar un virus que inactiva la polio y que puede servir como un agente inmunizador contra ella. Para 1952, ellos habían creado una vacuna y en 1955, fue difundida para ser usada en los Estados Unidos, prácticamente así terminando con las consecuencias catastróficas de la polio.

Recibirás muchas oportunidades en tu vida, y lo más probable, un número de certificados, diplomas, y premios. Pero lo que al final contará es lo que haces con el entrenamiento que has recibido y las habilidades y características que has desarrollado.

Encuentra la forma de dar, crear o generar algo hoy que pueda ser de beneficio a otros. En tus acciones no solo habrá un potencial para la fama y la recompensa, sino también una gran satisfacción personal, la recompensa de los más altos valores.

La diferencia entre la palabra
correcta y la casi correcta
es el contraste entre
un relámpago y la luciérnaga.

*Como manzanas de oro en engastes de plata
es la palabra dicha a su tiempo.*

Proverbios 25:11 (LBLA)

*C*onsidera las infames declaraciones dichas a continuación y ¡nota mientras lees que todas ellas pudieran ser corregidas al cambiar o introducir apenas una palabra!

- "Todo lo que puede ser inventado ha sido inventado". —Charles H. Duell, Oficina de Patentes de los E.U.A., directo, 1899.

- "¿Quién desea escuchar a los actores hablar?" —H.M.Warner, Películas Warner Brothers 1927.

- "Las mujeres sensibles y responsables no desean votar". —Grove Cleveland, 1905.

- "No hay ninguna probabilidad de que el hombre pueda alguna vez dominar el poder del átomo" —Robert Millikan, ganador del Premio Nobel en Física, 1923.

- "La máquinas de volar más pesadas que el aire, son un imposible". —Lord Kelvin, presidente de la Real Academia de Ciencia británica, 1895.

- "(Babe) Ruth cometió un gran error cuando dejó de lanzar". —Tris Speaker, 1927.

- "Lo que el viento se llevó será el fracaso mayor en la historia de Hollywood". —Gary Cooper.

¡No es increíble la diferencia que una palabra o dos pueden hacer! Escoge tus palabras con cuidado. Piensa siempre antes de hablar.

Este mundo pertenece
al hombre que es lo suficiente
sabio como para cambiar
de idea frente a la presencia
de los hechos.

*El que escucha las reprensiones
adquiere entendimiento.*

Proverbios 15:32 (LBLA)

$\mathcal{U}$na discusión se desarrolló entre dos familias que vivían una al lado de la otra en las montañas de Kentucky. Comenzó cuando la vaca del abuelo Smith brincó una cerca de piedra y se comió el maíz del abuelo Brown. Brown mató de un disparo a la vaca. Uno de los hijos de Smith disparó y mató a dos hijos de Brown. Luego Brown disparó y mató a uno de Smith. Bill Brown planeó asesinar a otro de la familia Smith, pero antes de que pudiera hacerlo, fue llamado a la guerra. Mientras él estaba lejos, la mamá de Bill tuvo mucha dificultad tratando de suplir para su familia, ya que el padre de Bill había sido una de las víctimas.

En la Navidad, el jefe de la familia de Smith llevaba a su familia a la iglesia. Por lo general él se quedaba afuera, pero ese año hubo tanto frío que entró para esperar. El sermón era sobre Cristo, el Príncipe de paz, que murió en *nuestro* lugar por *nuestros* pecados. Esto le impresionó mucho. Comprendió el crimen que había cometido, se arrepintió y luego en secreto contrató a un jovencito para que llevara una canasta de comida a la casa de Brown cada día hasta que Bill regresó.

Ya en casa, Bill se dispuso a descubrir quién había ayudado de manera tan generosa a su familia. Siguió al niño a la casa de Smith. Este último, al verlo le dijo: "Dispárame Bill, si lo deseas. No obstante, Cristo ya ha muerto por mis pecados, y yo espero que tú puedas perdonarme también". Bill lo perdonó, y los vecinos se volvieron verdaderos vecinos de nuevo.

Nunca alcances el punto en la vida donde pienses que no puedes aprender algo nuevo o cambiar tu opinión sobre algo. Nunca eres demasiado viejo, o demasiado joven para ser perdonado.

No quites una mosca
de la frente de tu amigo
con un hacha.

*Redarguye, reprende, exhorta
con mucha paciencia e instrucción.*

2 Timoteo 4:2 (LBLA)

𝒰n día, un joven monaguillo estaba sirviendo a un sacerdote en la misa dominical de la iglesia de campo de su pequeña villa. El niño, nervioso en su nuevo papel de monaguillo, por accidente vertió la vasija de vino. El sacerdote de la villa de inmediato pegó al niño una cachetada en la mejilla, y con voz muy áspera, le gritó para que muchas personas pudieran oírlo: "¡Deja el altar y no regreses!" Ese niño se convirtió en Tito, el líder comunista que gobernó Yugoslavia por muchas décadas.

Un día en una gran catedral de una ciudad, un jovencito asistía al obispo en la misa dominical. Él, también por accidente vertió el vino. El obispo se volvió a él, pero en lugar de responderle con enojo, le susurró con gentileza, con un brillo cálido en su mirada: "Algún día serás un sacerdote". Aquel niño creció para convertirse en el Arzobispo Fulton Sheen.

Las palabras tienen poder. El estribillo infantil, "A palabras necias, oídos sordos", simplemente no es cierto. Las palabras hacen daño. Hieren, en ocasiones de forma profunda.

Pero las palabras también pueden recompensar, edificar la autoestima, crear amistades, dar esperanza y suministrar una bendición. Pueden sanar y producir logros.

¡Vigila lo que digas a un amigo hoy! ¿Son tus palabras como veneno al corazón, o hacen destilar la miel más dulce?

Todo llamado es grande
cuando se busca con fuerza.

*Prosigo hacia la meta para obtener el premio
del supremo llamamiento de Dios en Cristo Jesús.*

Filipenses 3:14 (LBLA)

$\mathcal{U}$n campesino en una ocasión cazó un águila en el bosque, la trajo a casa, y la crió entre sus patos y pavos. Cinco años después, un naturalista vino a visitarlo y vió al ave. Le dijo:

—¡Esa es un águila, no un pollo!

—Sí —contestó el campesino—, pero yo la he criado para que sea pollo.

—Aun así —expresó el naturalista—, tiene alas que abarcan un espacio de quince pies. ¡Es un águila!

—Nunca va a volar —afirmó el campesino.

El naturalista no estuvo de acuerdo y decidieron poner su diferencia a prueba.

Primero, el naturalista tomó el águila y le dijo:

—Águila, tú eres un águila; perteneces al cielo y no a la tierra; estira tus alas y vuela.

El águila vio a los pollos y saltó al suelo. Al día siguiente, el naturalista llevó el águila a la cima de la casa y le dijo lo mismo antes de soltarla. De nuevo, divisó a los pollos abajo y revoloteó para unirse a ellos y comer.

—Otro intento —dijo el naturalista.

Llevó el águila a una montaña. El ave temblorosa miró alrededor y luego el naturalista le hizo mirar al sol. De momento, el águila abrió sus alas, dio un poderoso chirrido y salió volando para nunca regresar.

Puede que otros digan que eres un trozo de carne, un pollo en vez de águila. Pero en lo profundo, tienes un espíritu creado a la imagen de Dios, y estás destinado a volar.

Trata a todo el mundo
por igual, no importa de
qué lugar en la vida venga...
en realidad los grandes
hombres y mujeres
son aquellos naturales,
francos y honestos con todos
los que entran en contacto.

No tengáis... una actitud
de favoritismos.

Santiago 2:1 (LBLA)

En la antigua Grecia, el filósofo Aristipo, considerado por todo aquel que lo conocía como el maestro de las artes políticas, aprendió a llevarse bien en los círculos reales adulando al tirano Denys. No solo lo hacía, sino que se enorgullecía de ello. En realidad, Aristipo despreciaba a los compañeros filósofos menos prósperos y los hombres sabios que rehusaban llegar tan bajo.

Un día, Aristipo vio a su colega Diógenes lavando vegetales y le dijo:

—Si aprendieras a adular al Rey Denys, no tendrías que estar lavando las lentejas.

Diógenes levantó su vista despacio y le respondió:

—Y si tú hubieras aprendido a vivir de lentejas, no tendrías que adular al Rey Denys.

Otra manera de considerar la adulación es:

H—humillante y
A—absurda
L—lisonja
A—articulada
G—grotescamente a
O—otros

Habla la verdad con sinceridad. ¡Cuando la verdad es dolorosa, considera la opción de mantener silencio!

*Es mejor estar solo
que en mala compañía.*

No os dejéis engañar. Las malas compañías
corrompen las buenas costumbres.

1 Corintios 15:33 (LBLA)

*E*l entrenador Gregory observaba con orgullo cómo Rashaan Salaam aceptaba el Trofeo Heisman. Él recordaba al apuesto joven de dieciocho años de edad que al final se había librado de la estricta disciplina materna, y llegaba a Colorado listo para devorar al mundo. Él decía: "Rashaan es uno que deseaba ser un hampón. Llegó aquí llevando todas esas cosas rojas y hablando sobre pandillas. No lo había hecho en su casa porque su mamá nunca lo habría tolerado". Y tampoco lo toleró Gregory. Nunca regañó o predicó a Rashaan, pero sí le hacía preguntas. Cuando Rashaan vino a él hablando sobre sus nuevos amigos, Gregory le dijo: "Seguro, ellos son tus amigos, ¿pero te consideran su amigo? Ellos saben lo que estás tratando de lograr. Saben el potencial que tienes para hacer grandes cosas. Si tú eres su amigo, cuando ellos estén listos a meterse en algo, te dirán: 'Salaam, sal de aquí. Vete a la casa y estudia.'

Como entrenador, Gregory deseaba que Salaam encontrara "la luz" y llegara hasta el final de la zona, pero como su amigo, deseaba que él viviera en la luz del día y lograra alcanzar la meta de la vida como un ciudadano productivo. El ganar un juego de fútbol no es siempre el esfuerzo de un solo hombre. Es un esfuerzo de un equipo. Lo mismo se aplica a la vida, ¡y las buenas noticias son que tú puedes escoger los jugadores de tu equipo!

La manzana podrida hecha
a perder a su compañera.

El que anda con sabios, será sabio,
mas el compañero de los necios sufrirá daño.
Proverbios 13:20 (LBLA)

En su libro *The Mind of Watergate*, el psiquiatra y doctor en medicina Leo Rangell relata lo que él llama "compromiso de integridad" mientras analiza la relación entre el ex-presidente Richard M. Nixon y varios de sus confidentes más cercanos. Él grabó una conversación entre el miembro del comité de investigación, Senador Howard Baker y el joven Herbert L. Porter:

Baker: —¿En alguna ocasión sentiste algún escrúpulo sobre lo que estabas haciendo? ¿Alguna vez pensaste decir, 'Yo no pienso que esto está del todo bien'? ¿Alguna vez pensaste en eso?

Porter: —Sí, lo hice.

Baker: —¿Qué hiciste al respecto?

Porter: —No hice nada.

Baker: —¿Por qué no?

Porter: —Para serle honesto, posiblemente por temor a la presión del grupo que se daría por no ser un jugador de equipo.

¡No hay nada malo en trabajar en equipo, siempre que escojas el equipo correcto! Te volverás como tus amigos, incluso a medida que ellos cambian y se vuelven un poco más como tú. Por lo tanto, escoge a tus amigos con cuidado y minuciosamente.

La paciencia es amarga pero sus frutos dulces.

*Porque tenéis necesidad de paciencia,
para que cuando hayáis hecho la voluntad
de Dios, obtengáis la promesa.*

Hebreos 10:36 (LBLA)

$\mathcal{A}$ menudo pensamos en grandes artistas y músicos como "explosiones" de genialidad. Con frecuencia, hay modelos de paciencia esmerada. Sus mayores obras parecen haber sido logradas en largos períodos de tiempo y bajo dificultades extremas.

Se dice que Beethoven escribió una y otra vez cada barra de su música al menos una docena de veces.

Josef Haydn produjo más de ochocientas composiciones musicales antes de escribir La creación, oratoria por la que él es más conocido.

El Juicio Final de Miguel Ángel es considerado como una de las doce obras maestras en pintura a través de los tiempos. Le tomó ocho años terminar. Él produjo más de doscientos dibujos y versiones en el proceso.

Leonardo da Vinci trabajó en La Última Cena por diez años, a menudo lo hacía con tal diligencia que olvidaba comer.

Al pianista Ignacio Paderewski, ya entrado en años, un admirador le preguntó:

—¿Es cierto que aún practicas a diario?

Él respondió:

—Sí, al menos seis horas al día.

El admirador dijo asombrado:

—Usted debe tener un mundo de paciencia.

Paderewski contestó:

—No tengo más paciencia que otra persona. Solo uso la mía.

Haz que tu paciencia obre en la búsqueda de tus sueños.

*Motivación es cuando
tus sueños se ponen ropa
de trabajo.*

Y todo lo que hagáis, hacedlo de corazón,
como para el Señor y no para los hombres.

Colosenses 3:23 (LBLA)

En 1972, la revista Life publicó una historia sobre las increíbles aventuras de John Goddard. Cuando él tenía quince años, su abuela expresó: "Si yo hubiera hecho eso cuando era joven"... Determinado a no hacer esa declaración al final de su existencia, John escribió unas ciento veintisiete metas para su vida.

Nombró diez ríos que deseaba explorar y diecisiete montañas que anhelaba escalar. Estableció metas para convertirse en explorador, viajero por el mundo y en piloto. También en su lista estaba montar un caballo en el "Desfile de las Rosas", sumergirse en un submarino, volver a hacer los viajes de Marco Polo, leer la Biblia de principio a fin, y leer toda la Enciclopedia Británica.

También planeó leer todas las obras de Shakespeare, Platón, Dickens, Sócrates, Aristóteles y otros autores clásicos. Deseaba aprender a tocar la flauta y el violín, casarse, tener hijos (tuvo cinco), hacer una carrera en medicina, y servir como misionero para su iglesia.

¿Suena imposible? ¡A la edad de cuarenta y siete años, John Goddard había logrado ciento tres de sus metas!

Tu lista de metas puede que no sea tan extensa como la de John Goddard, pero si careces de algunas de ellas, verás que tienes poca motivación para levantarte en la mañana y poca satisfacción mientras tu cabeza toca la almohada cada noche.

No solo es decir lo correcto
en el lugar correcto,
sino mucho más difícil,
es no decir lo que no debes
en el momento de la tentación.

El que guarda su boca, preserva su vida;
el que mucho abre sus labios, termina en ruina.

Proverbios 13:3 (LBLA)

William Penn, fundador y líder de la colonia que fuera luego Pennsylvania, tenía estas reglas de conversación: "Evita la compañía que no sea beneficiosa o necesaria y en esas ocasiones, habla poco y de último. El silencio es sabiduría donde el hablar es locura y es siempre seguro. Algunos son tan tontos como para interrumpir y anticiparse a aquellos que están hablando, en lugar de escuchar y pensar antes de responder, cosa que no solo es descortesía, sino también tontería. Si piensas dos veces antes de hablar una vez, hablarás dos veces mejor. Es mejor no decir nada que no tener propósito. Y para hablar de forma pertinente, considera tanto lo que es conveniente como cuándo es conveniente el hacerlo. En todos los debates, deja que la verdad sea tu blanco, no la victoria o un interés injusto; y esfuérzate por ganar en lugar de descubrir a tu adversario".

Una pequeña niña llamada Mary regresó a casa luego de un día difícil en el colegio. Ella se tendió en el sofá de la sala para disfrutar su propia lástima. Se quejaba con su mamá y hermano "Nadie me quiere... ¡el mundo entero me odia!"

Su hermano ocupado con su Nintendo, casi ni la miró, mientras le daba estas palabras de ánimo: "Eso no es cierto, Mary. Algunos ni siquiera te conocen".

De seguro, Mary no lo encontró cómico. Ella posiblemente deseó que su hermano hubiera tomado el consejo de William Penn. ¡Una de las más grandes habilidades que puedes desarrollar en la vida es el controlar tu lengua!

El colegio te prepara para los exámenes; la vida te ofrece los exámenes finales.

Poneos a prueba para ver si estáis en la fe;
examinaos a vosotros mismos.

2 Corintios 13:5 (LBLA)

El diamante Koh-in-noor se encuentra entre los más espectaculares del mundo. Es parte de las joyas de la corona Británica, presentado a la Reina Victoria por el marajá de la India cuando este apenas era un muchacho.

Años después, cuando él ya era un hombre mayor, el marajá visitó a la Reina Victoria en Inglaterra. Pidió que la piedra fuera traída de la Torre de Londres donde se mantenía guardada con seguridad, hasta el Palacio de Buckingham. La reina hizo según su pedido.

Tomando el diamante en su mano, él se arrodilló frente a la reina y se lo presentó de nuevo a ella, diciendo: "Su Majestad, yo le dí esta joya cuando era un niño, demasiado joven para entender lo que estaba haciendo. Deseo dársela de nuevo a usted en la plenitud de mis fuerzas, con todo mi corazón, afecto y gratitud, ahora y para siempre, en plena conciencia de mi acto".

El día vendrá cuando posiblemente mires hacia atrás y digas: "Estoy agradecido de mis maestros y las lecciones que ellos me enseñaron sobre disciplina, concentración, arduo trabajo, cooperación y las formas correctas e incorrectas de competir". Incluso más valioso será el día cuando te mires en un espejo y digas: "Conociendo lo que ahora conozco de la vida, sé que es valioso continuar enseñando estas lecciones a mí mismo".

La diligencia es la madre
de la buena fortuna.

Los planes bien pensados:
¡pura ganancia!...

Proverbios 21:5 (NVI)

La "Pregunta de los sesenta y cuatro mil dólares" era el programa más visto en la televisión en 1955. Mientras más miraba Joyce el programa, más pensaba: "Yo podría hacer eso". En ese momento, Joyce había renunciado a su trabajo de maestra para criar a su hija, y ella y su esposo estaban viviendo con cincuenta dólares al mes. Ella nunca soñó con ganar el primer premio; pero cualquier premio en ese momento le habría ayudado muchísimo.

Como psicóloga por entrenamiento, Joyce analizó el programa. Notó que entre los contrincantes había incongruencias; el marinero que era un cocinero gourmet, el zapatero que conocía de ópera. Ella se vio a sí misma. Era una psicóloga bajita, rubia y madre sin incongruencia. Después de pensarlo un poco, ¡decidió convertirse en experta en boxeo! Ella comía, bebía y dormía boxeo, estudiando sus estadísticas, personalidades e historia. Cuando sintió que estaba lista, aplicó como contrincante para el programa, fue aceptada, ganó y ganó de nuevo, hasta que con el tiempo obtuvo el premio de los sesenta y cuatro mil dólares.

Esa experiencia la llevó a soñar con una carrera como periodista de televisión, que pudiera traducir los resultados de investigaciones psicológicas en términos que las personas pudieran usar en su diario vivir. Una vez que vio esa posibilidad, no hubo nada que detuviera a la doctora Joyce Brothers.

Las verdaderas historias nunca suceden por accidente. La diligencia te coloca en función de tus metas y tus sueños se volverán realidad.

El camino hacia el éxito está dotado de muchos tentadores lugares de estacionamiento.

Por tanto, puesto que tenemos en derredor nuestro tan gran nube de testigos, despojémonos también de todo peso y del pecado que tan fácilmente nos envuelve, y corramos con paciencia la carrera que tenemos por delante.

Hebreos 12:1 (LBLA)

Lo primero que se ve en el nacimiento de una jirafa son sus pezuñas delanteras y su cabeza. Minutos más tarde, el recién nacido es lanzado del cuerpo de su madre desde diez pies de altura y cae sobre su lomo. En cuestión de segundos, se endereza con sus patas metidas debajo de su cuerpo. De esta posición, él ve el mundo por primera vez y se sacude de cualquier residuo que le quede del líquido del nacimiento.

La jirafa madre baja su cabeza lo suficiente como para darle un vistazo a su pequeño, y luego hace algo que parece irrazonable —da una patada a su bebé y lo lanza dando vueltas de cabeza. Si no se levanta, lo patea de nuevo y otra vez hasta que la cría al fin se levanta en sus frágiles patas. ¿Entonces qué hace la madre jirafa? ¡Lo tumba de sus patas de una patada! ¿Por qué? Ella quiere que recuerde cómo levantarse.

En los campos salvajes, una jirafa bebé tiene que poder levantarse con la mayor rapidez posible para mantenerse con la manada y evitar ser presa de un león, hiena, leopardo o perros de caza salvajes. La mejor forma que una madre jirafa tiene de asegurarse que su cría viva, es enseñándole a pararse rápido y a que se aliste.

No te quejes si aquellos que te aman te empujan a la acción cuando tú preferirías estar "estacionado". Te están haciendo un favor.

*Cuando estés trabajando
para los demás deja que
sea con el mismo celo
como si lo hicieses para ti.*

*No buscando cada uno sus propios intereses,
sino más bien los intereses de los demás.*

Filipenses 2:4 (LBLA)

El 21 de mayo de 1946, un científico en Los Álamos llevaba a cabo un experimento necesario en preparación para una prueba atómica en las aguas del Pacífico Sur. Había hecho con éxito este experimento muchas veces. Se trataba de empujar dos hemisferios de uranio juntos, para determinar la cantidad de U-235 necesaria para una reacción en cadena, la cantidad que los científicos llaman "una masa crítica". Justo cuando la masa se volvía crítica, él empujaría los hemisferios aparte con su destornillador, deteniendo instantáneamente la reacción en cadena.

Ese día, sin embargo, justo cuando la masa se volvió crítica, el destornillador resbaló. Los hemisferios de uranio se acercaron demasiado y de repente la habitación fue llena de una deslumbrante luz azul. El joven Louis Soltin, en vez de agacharse y posiblemente salvarse a sí mismo, separó con sus manos los dos hemisferios, interrumpiendo así la reacción en cadena.

En este instante, en un acto donde se olvidó de sí mismo, él salvó las vidas a siete personas que estaban en la habitación. Sin embargo, murió en agonía, nueve días después.

Hoy, haz algo por otra persona con la misma energía que emplearías si fuera para ti mismo.

La Biblia no reconoce jerarquía de labor. Ninguna labor es denigrante. Si precisa hacerse, entonces es una buena labor.

Regocijarse en su trabajo: esto es don de Dios.

Eclesiastés 5:19 (LBLA)

Cuando David tenía doce años, convenció a un administrador de un restaurante de que en realidad tenía dieciséis y fue contratado como mesero para el mostrador en el tiempo de almuerzo, por veinticinco centavos la hora. Los dueños del lugar eran dos hermanos inmigrantes griegos, Frank y George, quienes habían comenzado sus vidas en Norteamérica como lavador de plato y vendedor de perros calientes. David recuerda que ellos establecían altos niveles y nunca pedían algo de sus empleados que ellos mismos no hicieran. Frank en una ocasión dijo a David: "Siempre que trates, siempre podrás trabajar para mí. Pero cuando no te esfuerces, no puedes trabajar para mí". El tratar lo significa todo, desde trabajar duro hasta tratar a los clientes con cortesía. Una vez cuando Frank notó que una mesera daba un trato indebido a un cliente, la despidió en el acto y él mismo atendió esa mesa. David se propuso que eso nunca le sucedería a él.

La propina usual para los meseros en ese entonces era de diez centavos, pero David descubrió que si él llevaba rápido la comida y era cortés en especial, en ocasiones recibía veinticinco centavos de propina. Se trazó una meta para ver cuántos clientes podía atender en una noche. ¡Su récord fue de cien!

Hoy, R. David Thomas es mejor conocido como "Dave", el fundador y presidente de Wendy's International, Inc., una cadena de cuatro mil trescientos restaurantes.

No importa qué trabajo desempeñes, hazlo bien. La Biblia nos dice que hagamos todo nuestro trabajo *como para el Señor*. (Colosenses 3:23.)

El melocotón más maduro se encuentra en lo más alto del árbol.

*Y no nos cansemos de hacer el bien,
pues a su tiempo, si no nos cansamos, segaremos.*

Gálatas 6:9 (LBLA)

El papá de McCormick era lo que muchos llamarían un "experto en artefactos". Un genio en mecánica, inventó muchos dispositivos para la siembra. Con tristeza, sin embargo, se convirtió en el hazmerreír de su comunidad por intentar hacer una máquina que cortara el grano. Por años, trabajó en el proyecto pero nunca tuvo éxito en lograr que ésta operara de forma confiable.

A pesar del desánimo que su padre experimentó y de ser de continuo el ridículo para sus vecinos, el joven McCormick tomó la vieja máquina como su propio proyecto. También padeció años de experimentar y fracasar. Entonces un día, tuvo éxito en construir una recogedora que segara el grano.

Aún así, la oposición celosa evitó que el invento fuese usado en un número de años. McCormick pudo hacer las ventas solo después de dar una garantía personal a cada comprador de que la recogedora haría el trabajo que él estaba declarando. Al fin, después de décadas de intentos y fracasos, con esperanzas y aguardando, una firma en Cincinnati estuvo de acuerdo en manufacturar cien máquinas, y la famosa recogedora McCormick "nació".

¡Para llegar al melocotón más maduro, en las ramas más altas, necesitas subir una rama a la vez y no ser derrotado por el chirrido de un ladrido, una caída ocasional y la sensación frecuente de quedarse colgando!

*Si haces lo debido,
en el momento preciso,
el día llegará
en que puedas hacer lo que
desees cuando lo desees.*

*Pobre es el que trabaja con mano negligente,
mas la mano de los diligentes enriquece.*

Proverbios 10:4 (LBLA)

*L*a abeja se describe a menudo como "ocupada". ¡Se merece este adjetivo! Para ella producir una libra de miel, tiene que visitar cincuenta y seis mil cabezas de trébol. Ya que cada cabeza tiene sesenta tubos de flores, la abeja tiene que hacer un total de tres millones, trescientas sesenta mil visitas. En el proceso, la abeja promedio ha viajado el equivalente a darle tres veces la vuelta al mundo.

Para producir apenas una cucharadita de miel, cantidad que puede ir encima de un panecillo, una pequeña abeja tiene que hacer cuatro mil doscientos viajes a las flores, un promedio de diez viajes diarios, cada uno con una duración aproximada de veinte minutos. Ella visita cuatrocientas flores diferentes.

Día tras día, el trabajo de una abeja es bastante monótono. Vuela, toma el néctar, vuela un poco más y deposita el néctar. Pero en el proceso, produce, y lo que produce crea un lugar para ella en el panal.

Puede que pienses que tus quehaceres diarios son una pérdida de tiempo. Pero en realidad, el tú completar esos quehaceres te está "formando". Un día, no tendrás ni que pensar: *Tengo que disciplinarme. Tengo que ir a trabajar. Tengo que continuar.* Si has hecho tus quehaceres con fidelidad y al máximo de tus habilidades, tus obligaciones serán parte integrante del proceso de acometer cada desafío, el resto de tu vida.

Un hombre sin regocijo es como un vagón sin muelles; da tumbos desagradables con cualquier piedra en el camino.

El corazón alegre es buena medicina,
pero el espíritu quebrantado seca los huesos.

Proverbios 17:22 (LBLA)

El doctor Ashley Montagu conoció a dos jóvenes poco después de terminar la Segunda Guerra Mundial. Ellos habían pasado dos años en Auschwitz, el cruel campo de muerte operado por los nazis. Antes de Auschwitz, vivieron en Viena, en un sótano donde amigos cristianos les habían escondido. Los demás que estaban hospedados con ellos en el sótano, fueron exterminados solo por ser judíos. Después de finalizada la guerra, estos dos hombres caminaron de Viena a Berlín con la esperanza de encontrar parientes. Allí fueron recogidos por un soldado judío-norteamericano que los trajo a Norteamérica. Ambos deseaban ser médicos y así fue como el doctor Montagu, un profesor del colegio de medicina llegó a conocerles. Notando que ellos "no exhibían ningunas de las cicatrices esperadas de su infeliz existencia", él les preguntó cómo ellos llegaron a ser personas tan felices.

Ellos respondieron: "Un grupo de nosotros decidió que sin importar lo que sucediera, no nos deprimiríamos". Dijeron que habían intentado ser alegres a pesar de las circunstancias, sin ceder ni por un momento a la idea de que ellos eran inferiores o estaban arruinados.

Eran pruebas vivientes para el doctor Montagu de que aun bajo condiciones imposibles, ¡es posible ser feliz!

*Las dos palabras
más importantes:
"Muchas gracias".
El vocablo más importante:
"Nosotros".
El menos importante:
"Yo".*

Nada hagáis por egoísmo o por vanagloria,
sino que con actitud humilde cada uno de vosotros
considere al otro como más importante que a sí mismo.

Filipenses 2:3 (LBLA)

Hay un antiguo adagio que dice: "Se necesita más habilidad de la que puede expresarse, para tocar un violín como acompañamiento".

Siguiendo esa línea de pensamiento, a Leonard Bernstein se le preguntó en una ocasión cuál era el instrumento más difícil de tocar. Pensó por un momento y dijo: "Un segundo violín. Puedo conseguir cualquier cantidad de primeros violinistas, pero encontrar a alguien que pueda tocar un segundo violín con entusiasmo, eso es un problema. Y si no tenemos segundos violines, no hay armonía".

El General Robert E. Lee era un hombre que conocía el valor de tocar un segundo violín. Este gran general nunca dejó de ser un caballero sureño. En una ocasión, mientras viajaba en un tren hacia Richmond, estaba sentado en la parte trasera del vagón. Los otros lugares estaban ocupados con oficiales y soldados. Una mujer mayor, pobremente vestida, se subió al coche en la estación rural y al ver que nadie le ofrecía asiento, caminó con dificultad por el pasillo hacia el final del vagón. De inmediato, Lee se levantó y le ofreció su lugar. Entonces, uno tras otro, los otros hombres se levantaron y ofrecieron al general su asiento. "No caballeros —respondió él— ¡si no hay ninguno para esta dama, tampoco puede haberlo para mí!

La genuina humildad nos impulsa a ofrecer un sincero agradecimiento y a favorecer a otros por encima de nosotros mismos.

He aquí la clave para el éxito y para el fracaso: nos convertimos en lo que pensamos.

Por lo demás, hermanos, todo lo que es verdadero, todo lo digno, todo lo justo, todo lo puro,... si hay alguna virtud o algo que merece elogio, en esto meditad.

Filipenses 4:8 (LBLA)

$\mathcal{U}$n número de años atrás la compañía de seguros de vida John Hancock Mutual, publicó un aviso que decía: "Hubo una vez un hombre que amaba la naturaleza con un amor tan profundo y conmovedor que ella le dijo uno de sus secretos. Le dio el poder de crear nuevas plantas. El hombre, cuyo nombre era Luther Burbank... vio que cada planta era un niño. Tenía su propia cara, su propia promesa, su único toque de genio o carácter. Y si esa promesa era atendida y animada, la planta crecería para ser más útil y hermosa cada año. Luther Burbank... hizo que las papas crecieran más grandes, más blancas, más deliciosas que nunca. Enseñó a los cactus del desierto a votar lejos sus espinas para que el ganado pudieran engordar y hacer que las zarzamoras se despojaran de sus abrojos, para que no lastimara los dedos de los que las recogen. Para él, los melocotones crecían sin semilla y las fresas maduraban todo el año... él dejó la tierra cubierta con flores y frutas que nadie nunca antes había intentado sembrar. Y todo porque él conocía un secreto. Sabía que todo lo que vivía tenía el poder de ser mejor".

Escoge ver nuevas posibilidades. Pon en ellas tu mente. Deja que sean el foco de tus fuerzas, ¡y luego búscalas! Serás mejor por ello.

*Mantén siempre en mente
que tu propia resolución
para el éxito es más importante
que cualquier otra cosa.*

*El Señor Dios me ayuda, por eso no soy humillado,
por eso como pedernal he puesto mi rostro,
y sé que no seré avergonzado.*

Isaías 50:7 (LBLA)

La famosa actriz de película y teatro Helen Hayes creía en sus "resoluciones" sobre su propio potencial para el éxito que desempeñó una función primordial al comienzo de su carrera. En una ocasión contó la historia a una audiencia en particular: "Antes de los autores darme el guión, me decían a manera de norma, '¿Por supuesto que tocas piano?', 'Tendrás que cantar la pieza con tu propio acompañamiento'. A medida que estas noticias alarmantes estaban en proceso, yo capté una mirada perpleja en los ojos de mi madre, y hablé antes que ella pudiera hacerlo. 'Por supuesto que toco piano' —respondí.

Mientras salíamos del teatro mi mamá suspiró, 'Odio ver que comienzas con desventaja' —dijo ella—. '¿Qué te hizo decir que sabías tocar piano?' 'La sensación de que tocaré antes que comiencen los ensayos' —le respondí. Salimos de inmediato a tratar de alquilar un piano y terminamos comprando uno. Comencé lecciones de inmediato, practiqué los ejercicios de los dedos hasta que ya no podía ver las notas y comencé las prácticas con la habilidad de acompañarme a mí misma. Desde entonces, nunca he vivido muy lejos de un piano".

Lo que crees sobre tu propio potencial para el éxito cuenta mucho más que lo que pueda opinar cualquier otra persona. Cree lo que Dios estima sobre ti; fuiste creado para tener éxito.

Triunfo comienza con T como tratar.

*Todo lo que tu mano halle para hacer,
hazlo según tus fuerzas.*

Eclesiastés 9:10 (LBLA)

$\mathcal{M}$uchos años atrás en Inglaterra, un pequeño niño creció hablando con un ceceo. Nunca fue un estudioso en el colegio. Cuando irrumpió la guerra involucrando a su nación, él fue rechazado por el servicio, y se le dijo que "necesitamos hombres". En una ocasión, él se levantó para dirigirse a la Casa de los Comunes y todos los presentes salieron del salón. De hecho, él a menudo habló a sillas vacías y ecos. Pero un día, se convirtió en el Primer Ministro de Gran Bretaña y con discursos conmovedores y decisiones osadas, guió a su nación hacia la victoria. Su nombre fue Sir Winston Churchill.

Muchos años atrás en Illinois, un hombre con apenas unos cuantos años de educación formal fracasó en los negocios a los 31 años, fue derrotado en una carrera por la legislatura del estado a los 32 años, de nuevo fracasó en los negocios a los 33, fue elegido para la legislatura a los 34, pero derrotado como orador a los 38 años. Fue aventajado como elector a los 40, vencido para el Congreso a los 43, elegido al Congreso a los 46 años, pero derrotado a los 48. Fue derrotado para el Senado a los 55 años, también para la nominación de la vicepresidencia a los 56 y para el Senado a los 58 años. Pero en 1860, fue elegido presidente. Su nombre era Abraham Lincoln.

Nadie es derrotado hasta que deja de esforzarse.

Una meta propiamente
presentada, ya está
la mitad alcanzada.

Entonces el Señor me respondió, y dijo:
Escribe la visión y grábala en tablas,
para que corra el que la lea.

Habacuc 2:2 (LBLA)

En una ocasión, un joven con necesidad de trabajo vio esta publicidad en un periódico de Boston: "Se busca un joven como suplente para un estadístico financiero, Apartado de Correo 1720". El joven decidió que este sería justo el tipo de trabajo que deseaba, así que respondió al anuncio pero no recibió respuesta. Escribió de nuevo, e incluso una tercera vez sin contestación. Lo próximo fue ir a la oficina postal de Boston y pidió el nombre del dueño del Apartado 1720, pero el empleado rehusó dárselo, al igual que el cartero.

Temprano una mañana, una idea vino a su mente. Se levantó temprano, tomó el primer tren a Boston, fue a la oficina de correo y se paró a vigilar el Apartado 1720. Después de un rato, un hombre apareció, abrió la caja y sacó el correo. El joven lo siguió mientras él regresaba a la oficina de una firma de corredores de Bolsa. El joven entró y preguntó por el administrador.

En la entrevista, el administrador preguntó: "¿Cómo descubrió que yo fui el que puso el anuncio?" El joven le contó de su obra detectivesca, a lo que el administrador respondió: "Jovencito, eres justo el tipo de persona persistente que deseo. ¡Quedas empleado!"

¡Si la meta vale la pena, no hay buena razón para cesar su búsqueda! Encuentra algo que desees en realidad, luego búscalo con todo tu corazón, mente y fuerza.

Pienso que la única lección
que he aprendido es que
no hay sustituto para
el prestar atención.

*Por tanto, debemos prestar mucha mayor atención
a lo que hemos oído, no sea que nos desviemos.*

Hebreos 2:1 (LBLA)

$\mathcal{H}$enry P. Davison fue un financiero prominente norteamericano y en un momento dado fue director de la Cruz Roja Norteamericana. Comenzó su andar siendo un pobre muchacho hasta que llegó a ser presidente de un gran banco en la ciudad de Nueva York.

Mientras él era cajero en el banco, un posible ladrón vino a su ventana, le apuntó con un revólver y pasó un cheque por el mostrador de su ventana. El cheque era por un millón de dólares, pagadero al Todopoderoso. Davison mantuvo la calma, aunque percibía la gravedad de la situación. En voz alta, repitió las palabras que estaban en el cheque a la persona de pie delante de él, enfatizando el "millón de dólares". Entonces, con gracia, preguntó al posible ladrón, cómo le gustaría tener el millón de dólares para el Todopoderoso. Entonces se dispuso a contar billetes pequeños. Mientras, un guardia sospechó por la extraña petición que había escuchado. Desarmó al ladrón y evitó el robo.

Años después, se le pidió a menudo a Davison que compartiera su sabiduría con otros que estaban buscando el éxito. Con frecuencia aconsejó que la cortesía, el estar listo, dispuesto y alerta hace más por una persona que el solo ser inteligente.

Se ha dicho que una de las habilidades de un buen comunicador es el escuchar. Prestar atención a las palabras y acciones de aquellos a tu alrededor puede ser la mejor instrucción que jamás recibirás.

No importa lo que haya sido
el pasado de un hombre,
su futuro es intachable.

*El oído que escucha las reprensiones de la vida,
morará entre los sabios.*

Proverbios 15:31 (LBLA)

$\mathcal{U}$n indio norteamericano en una ocasión visitó la ciudad de Nueva York y mientras caminaba las calles concurridas de Manhattan con un amigo de la ciudad, de momento se detuvo, inclinó su cabeza hacia un lado y dijo:

—Escucho a un grillo.

—Estás loco —le dijo su amigo.

El Cherokee respondió:

—No, yo escucho a un grillo. ¡Lo escucho! Estoy seguro de ello.

El amigo replicó:

—Es la hora del mediodía. Las personas están apretadas unas a otras en las aceras, los automóviles tocan la bocina, los taxis dan carreras a nuestro alrededor, la ciudad está llena de ruido. ¿Y tú piensas que puedes escuchar un grillo?

—Estoy seguro que lo escucho —dijo el visitante.

Escuchó con más atención y luego caminó hasta la esquina, distinguió un arbusto en una maceta de cemento, buscó debajo de las hojas de la planta, y sacó un grillo. Su amigo estaba sorprendido. El hombre dijo:

—La realidad es, mi amigo, que mis oídos son diferentes a los tuyos. Todo depende de a qué han estado acostumbrados a escuchar. Déjame mostrarte.

En ese momento, él metió la mano en su bolsillo, sacó un puñado de monedas sueltas y las dejó caer en el pavimento. Toda cabeza a media manzana de distancia se volteó.

—¿Ves lo que quiero decir? —le dijo, recogiendo las monedas—. Todo depende de lo que estás escuchando.

Escucha hoy aquellas cosas que te harán más sabio. No abandones aquellas que te prepararán para la eternidad.

Una de las mayores normas
de la vida es esta:
Mientras más das, más recibes.

El alma del perezoso desea, pero nada consigue,
mas el alma de los diligentes queda satisfecha.

Proverbios 13:4 (LBLA)

εstas palabras fueron escritas en luces en las Décimo octavas Olimpiadas en Tokio: "Lo más importante en los Juegos Olímpicos no es ganar sino participar; así como lo más importante en la vida no es el triunfo, sino la lucha. Lo esencial es... el haber peleado bien".

Los atletas que alcanzaron los Juegos Olímpicos son ya los mejores entre los mejores de cada nación. Cada atleta ha sobresalido en formas que pocos de sus compañeros pudieran jamás alcanzar. Sin embargo solo uno llevará la medalla de oro, otro la de plata y un tercero la de bronce. Aquellos que están tan acostumbrados a ganar enfrentan la devastadora posibilidad de perder no solo delante de sus compañeros de juego, sino también de sus compatriotas y en esta época de televisión mundial, delante del mundo entero. Cuán vital es para estos atletas mantener su perspectiva de que ganar no es lo importante en las olimpiadas, sino la oportunidad de competir, de tratar y de dar su mejor esfuerzo.

No importa la arena en la que compitas, ganar no es lo importante en realidad. El dar tu mejor esfuerzo por un reto es lo que moldea dentro de ti las características duraderas y el carácter, cosas "mejores que el oro".

Todo le llega a aquel que trabaja duro mientras espera.

Esforzaos, y aliéntese vuestro corazón, todos vosotros que esperáis en el Señor.

Salmo 31:24 (LBLA)

$\mathcal{E}$n el libro *The Seven Habits of Highly Effective People*, Stephen R. Covey escribe: "Uno de los momentos más inspirados que Sandra y yo hemos tenido tomó lugar durante un período de cuatro años con una querida amiga nuestra llamada Carol, que tenía una devastadora enfermedad de cáncer. Ella fue una de las damas de compañía de Sandra en la boda y ellas habían sido las mejores amigas durante veinticinco años.

Cuando Carol estaba en las últimas etapas de la enfermedad, Sandra pasó tiempo al lado de su cama ayudándola a escribir su historia personal. Ella regresaba de esas postradas y difíciles sesiones casi transformada por la admiración hacia el valor de su amiga y su deseo de escribir mensajes especiales para ser dados a sus hijos en diferentes momentos de sus vidas.

"Carol tomaba la menor cantidad posible de drogas contra el dolor, para así tener acceso total a sus facultades mentales y emocionales. Entonces ella susurraba en una cinta de grabar o directamente a Sandra mientras tomaba notas. Carol era tan activa, tan valiente y tan preocupada por los demás que se volvió una enorme fuente de inspiración para muchas personas a su alrededor".

En el mundo de hoy, hay quizá una característica que se necesita con desespero. Busca desarrollarla. Se llama *valor*.

*Una memoria bien entrenada
es la que te permite olvidar todo
lo que no vale la pena recordar.*

*Golpeo mi cuerpo
y lo hago mi esclavo.*
1 Corintios 9:27 (LBLA)

*U*n callado campesino que vivía en una villa en las alturas austríacas de los Alpes, fue contratado por el concilio del pueblo para mantener libre de escombros a los originales manantiales de la montaña, fuente de abastecimiento de agua del pueblo. Con fiel regularidad, el anciano patrullaba las colinas; limpiando cieno y removiendo las hojas y ramas de los manantiales. Con el tiempo, la villa prosperó. Las ruedas de molino se movían, las granjas eran irrigadas y los turistas venían. Pasaron los años. Entonces en una reunión del consejo sobre el presupuesto de la ciudad, un miembro notó la suma del salario asignado al anciano. Él preguntó: "¿Quién es él y por qué lo mantenemos en la nómina? ¿Alguien lo ha visto? Con la información que tenemos, él podría estar muerto". El concilio acordó deshacerse de sus servicios.

Durante varias semanas nada cambió. Entonces los árboles comenzaron a soltar sus hojas. Una tarde, un ciudadano del pueblo notó un tono carmelita en el agua. Menos de siete días después, una capa resbaladiza de hojas cubría una sección del canal y un mal olor se detectaba. Comenzaron a enfermarse.

El consejo del pueblo llamó a una reunión especial y retrocediendo en su mal juicio, volvieron a contratar al anciano. Una nueva vida pronto regresó a la villa a medida que retornaron las aguas del manantial.

El trabajo de todo el mundo no saldrá en las noticias del día, sin embargo no importa dónde Dios te coloque, obra como para él, y El te recompensará por tu fidelidad.

La derrota no es el peor de los fracasos. El no haber intentado es el verdadero desastre.

*Donde no hay visión,
el pueblo se desenfrena.*
Proverbios 29:18 (LBLA)

$\mathcal{U}$no de los grandes desastres de la historia ocurrió en 1271. En ese año, Niccolo y Matteo Polo, el padre y el tío de Marco Polo, visitaron a Kubla Khan, considerado el gobernador del mundo, con autoridad sobre toda China, India y todo el Oriente.

El Kubla Khan fue atraído por la historia del cristianismo como Niccolo y Matteo se la contaron. Él les dijo: "Ustedes deben ir a su sumo sacerdote y decirle en mi nombre que me envíe cien hombres expertos en su religión y yo me bautizaré, y cuando yo lo haga todos mis varones y grandes hombres serán bautizados y sus súbditos recibirán el bautismo también, y así habrá más cristianos aquí que en tus territorios".

Sin embargo, nada se hizo en respuesta a lo que el Kubla Khan pidió. Después de treinta años, apenas un puñado de misioneros fueron enviados. Eran muy pocos, demasiado tarde.

Aparentemente el Occidente no tenía la visión para ver al Oriente ganado para Cristo. La mente se queda atónita al pensar lo diferente que pudiera ser el mundo hoy día si trece siglos atrás la China, India y otras áreas del oriente hubieran sido convertidas al cristianismo.

Si te falta hoy visión, pídela a Dios. ¡Él tiene cosas maravillosas que revelarte , que aun no puedes imaginar!

A menos que intentes hacer algo mayor de lo que ya dominas, nunca crecerás.

Sed todos de un mismo sentir, compasivos, fraternales, misericordiosos y de espíritu humilde.

1 Pedro 3:8 (LBLA)

*S*e cuenta una fábula de un niño huérfano, que no tenía familia y nadie que lo amara. Sintiéndose triste y solitario, caminaba por un prado un día cuando vió una pequeña mariposa atrapada en un arbusto de espinas. Mientras más la mariposa luchaba por librarse, más profundo las espinas cortaban su frágil cuerpo. Con cuidado el niño dejó a la mariposa libre, pero en lugar de salir volando, la mariposa se transformó en un ángel delante de sus ojos.

El niño se frotó los ojos en incredulidad mientras el ángel le decía:

—Por tu maravillosa bondad, te concederé lo que desees.

El pequeño pensó por unos momentos y luego dijo:

—¡Deseo ser feliz!

El ángel respondió:

—Muy bien.

Luego se inclinó hacia él, le susurró algo al oído y se desvaneció.

A medida que el pequeño crecía, no había nadie en los alrededores tan alegre como él. Cuando las personas le preguntaban cuál era el secreto de su felicidad, él sonreía y decía:

—Yo escuché a un ángel cuando era un niño pequeño.

En su lecho de muerte, sus vecinos se reunieron al rededor de él y le pidieron que divulgara la clave para su felicidad antes de morir. Al fin el anciano les dijo:

—El ángel me dijo que toda persona, no importaba cuán segura pareciera, cuán vieja o joven, cuán rica o pobre, necesitaba de mí.

Tú tienes algo que ofrecer a toda persona con la que te pones en contacto hoy. ¡Edifica puentes en lugar de murallas!

Yo no conozco el secreto del éxito, pero la clave para el fracaso es el tratar de complacer a todos.

Y cuando estéis orando, perdonad si tenéis algo contra alguien, para que también vuestro Padre que está en los cielos os perdone vuestras transgresiones.

Marcos 11:25 (LBLA)

$\mathcal{L}$loyd John Ogilvie escribió en *Let God Love You,* "El momento más difícil para ser gentil es cuando sabemos que tenemos la razón y otra persona está muy equivocada.

... Pero la mayor tentación para la mayoría de nosotros es cuando alguien nos ha fallado y lo ha admitido, y su destino o felicidad está en nuestras manos. Tenemos el poder de dar o negar una bendición.

"Hace poco un querido amigo me hirió con palabra y acción. Cada vez que nos encontrábamos... yo casi comenzaba a disfrutar la ventaja de ser la persona ofendida. Su primer intento de restitución fue resistido a causa de la gravedad del juicio que yo hice. Él había tomado una idea clave que yo compartí con él en secreto y la desarrolló como suya antes que yo pudiera usarla. El plagio de ideas fue combinado con el uso de un par de mis materiales escritos, reproducidos bajo su nombre... Lo más difícil fue entregar mi indignación y trabajar con mi dolor...

"Al final, el Señor me tuvo donde él me deseaba... Su palabra para mí era clara e innegable, 'Lloyd, ¿por qué es tan importante para ti quién recibe el crédito, con tal de que mi obra sea hecha?' Cedí mi derecho de ser lo que solo Dios puede ser como juez y salvador de este hombre. La actitud gentil comenzó a fluir".

Retener el perdón, no solo hiere a la persona que no deseamos perdonar, sino que también a nosotros. Nuestra creatividad y gozo en la vida son ahogados. Al perdonar, damos paz y restauración al perdonado y a nosotros mismos.

Los papalotes se elevan más cuando el viento les es adverso, no cuando lo tienen a su favor.

Mirad que ninguno devuelva a otro mal por mal, sino procurad siempre lo bueno los unos para con los otros, y para con todos.

1 Tesalonicenses 5:15 (LBLA)

*M*uchas personas hoy día parecen estar viviendo con su "ponzoña afuera", listos a atacar a los demás o a defender su posición a la más mínima provocación. Sin embargo, hacemos bien en considerar toda la naturaleza de las abejas que en ocasiones parecemos desafiar.

Las abejas se alimentan entre ellas, incluso a veces a una abeja de diferente colonia. Las abejas trabajadoras alimentan a la reina, que no puede alimentarse por sí misma. Ellas alimentan a los zánganos durante su período de utilidad en la colmena. Alimentan a los jóvenes. Parecen disfrutar esta actividad social de alimentarse mutuamente.

Las abejas se juntan para calentarse durante temporada fría y mueven sus alas para refrescar la colmena durante las calientes, trabajando así por el bienestar de todas.

Cuando les llega el momento de mudarse a nuevos cuarteles, los que salen a explorar se reportan al grupo, haciendo una danza muy similar a la que se usa para informar el encuentro de miel. Cuando suficientes exploradores han confirmado lo apropiado de la nueva localización, las abejas parecen tomar una decisión en común, alzan el vuelo y emigran juntas, todas a la vez, en lo que nosotros llamamos un enjambre.

Apenas como un último recurso de defensa propia las abejas sacan sus aguijones y nunca en contra de sus compañeras. ¡Haríamos bien en aprender de ellas!

Todo el mundo piensa en cambiar el mundo, pero nadie piensa en cambiarse a sí mismo.

Si no os convertís y os hacéis como niños, no entraréis en el reino de los cielos.

Mateo 18:3 (LBLA)

$\mathcal{A}$ndrew Carnegie, considerado como uno de los primeros en enfatizar la autoestima y el potencial para la grandeza interior, fue famoso por su habilidad para producir millonarios entre sus empleados. Un día un reportero le preguntó:

—¿Cómo puede explicar el hecho de que usted tiene cuarenta y tres millonarios trabajando para usted?

Carnegie respondió:

—Ellos no eran ricos cuando vinieron. Nosotros trabajamos con personas de igual modo que se extrae el oro. Primero tienes que remover mucha suciedad antes de encontrar una pequeña cantidad de oro.

Andrew Carnegie conocía cómo llevar a cabo el cambio en las personas. Él les ayudó a darse cuenta de los tesoros escondidos en su interior, les inspiró a desarrollarlos, y luego observó animado mientras sus vidas eran transformadas.

El filósofo y psicólogo William James dijo una vez: "Comparado con lo que se supone que seamos, estamos solo semiconscientes. Hacemos uso de una pequeña parte de nuestros recursos físicos y mentales. A grandes rasgos, el ser humano vive lejos de sus límites. Posee poderes de varios tipos, los que con regularidad no usa".

En otras palabras, la mayoría de las personas apenas desarrollan una fracción de sus habilidades. Busca un porcentaje mayor en tu vida. ¡Busca el oro interior!

El valor es la resistencia al temor, el dominio del temor, no la ausencia del mismo.

Aunque pase por el valle de sombra de muerte,
no temeré mal alguno, porque tú estás conmigo;
tu vara y tu cayado me infunden aliento.

Salmo 23:4 (LBLA)

Varios años atrás, un circo de televisión bien conocido desarrolló un acto que incluía tigres de bengala. El acto se hacía en vivo delante de una gran audiencia. Una noche, el entrenador entró en la jaula con varios tigres y la puerta era cerrada de forma rutinaria detrás de él. Las luces inundaban la jaula y las cámaras de televisión se acercaban para que la audiencia pudiera ver cada detalle mientras él con habilidad ponía a los tigres en el ritmo adecuado.

En medio de la actuación, pasó lo peor: las luces se apagaron. Por casi treinta largos segundos, el entrenador estuvo encerrado con los tigres en la oscuridad. Con su visión nocturna superior, los tigres podían verlo, pero él no los veía a ellos. Él sobrevivió. Cuando regresaron las luces, con calma terminó su actuación.

Cuando le preguntaron al entrenador cómo se sintió, él admitió sentir un frío temor al principio, pero luego —dijo—, se dió cuenta de que aunque él no podía ver a los felinos, ellos no lo sabían. Él dijo: "Solo continué sonando mi látigo y hablándoles hasta que las luces regresaron. Ellos nunca supieron que yo no les podía ver tan bien como ellos me veían a mí".

Sigue hablando a los tigres del temor que parece estar persiguiéndote. ¡Ellos obedecerán tu voz de fe!

La oración es una herramienta
invisible que se usa
en un mundo visible.

Porque las armas de nuestra contienda
no son carnales, sino poderosas en Dios
para la destrucción de fortalezas.

2 Corintios 10:4 (LBLA)

Tanto una carretera principal en Tel Aviv como un puente que cruza el río Jordán llevan su nombre en honor de Viscount Edmund Henry Hynman Allenby, un soldado británico. Como comandante de las Fuerzas de Expedición egipcias, burló a los enemigos y derrotó a los turcos en Palestina en 1917 y 1918, conquistando Jerusalén sin jamás disparar una sola arma.

Como soldado británico, Allenby no comprometía para nada las normas oficiales británicas concernientes al establecimiento del hogar nacional para los judíos, pero él sí tenía una profunda comprensión del deseo judío por vivir en Palestina. En una recepción en Londres, una vez contó cómo siendo un pequeño niño, se había arrodillado para hacer sus oraciones de la noche, repitiendo con sus labios de niño las palabras que su mamá oraba: "Y, oh Señor, no podemos olvidar a tu antiguo pueblo, Israel; apura el día cuando Israel vuelva a ser de nuevo tu pueblo y sea restaurado a tu favor y a su tierra".

Allenby concluyó: "Yo no sabía en ese entonces, que Dios me daría el privilegio de ayudar a contestar mi propias oraciones de niño".

Lo que oras hoy puede muy bien ser parte de tu trabajo mañana. ¡El mundo que ves en oración, puede muy bien ser el mundo en el que algún día vivirás!

El dinero es como un brazo o pierna: úsalo o lo pierdes.

Porque a cualquiera que tiene, se le dará más,
y tendrá en abundancia; pero a cualquiera que no tiene,
aun lo que tiene se le quitará.

Mateo 13:12 (LBLA)

$\mathcal{U}$n extraño homenaje se puede encontrar en el cementerio Mount Hope, de Hiawatha, Kansas. John M. Davis, un huérfano, desarrolló un fuerte desdén por la familia de su esposa e insistió en que nada de su fortuna fuera a ellos. También rehusó la petición de que con el tiempo él legara sus propiedades para un hospital que se necesitaba con desespero en el área. En su lugar, después de la muerte de su esposa en 1930, el señor Davis escogió invertir en una tumba elaborada para él y su esposa. La tumba incluía un número de estatuas representando a la pareja en las varias etapas de sus vidas. Una estatua es del señor Davis como un hombre solitario sentado junto a una silla vacía... Se titula "la silla vacía". Otra lo muestra poniendo una corona frente a la lápida de su esposa. Muchas de las estatuas están hechas de granito de Kansas. No quedó dinero para el mantenimiento del monumento.

Hoy, en gran parte debido a su peso, este monumento tan costoso se está hundiendo lentamente en la tierra. Se ha erosionado y gastado por los fuertes vientos en este llano estado. Las personas del pueblo consideran la tumba de Davis como la "locura del viejo" y muchos predicen que dentro de los próximos cincuenta años, el monumento será arrasado más allá de todo reconocimiento y será necesario derrumbarlo. Lo que pudo haber sido un legado viviente, con el tiempo será un polvo de granito.

La Biblia nos exhorta muchas veces a no acumular dinero para ser usado en nuestros propios deseos egoístas, sino ser bondadosos con el pobre. Cuando lo hacemos, Dios nos bendice con más. Mientras más damos, más recibimos y nuestro legado durará bien en el futuro en lugar de hundirse en el olvido.

En los momentos de prueba,
no dejes de tratar.

El justo se mantendrá en su camino,
y el de manos limpias más y más se fortalecerá.

Job 17:9 (LBLA)

En 1894, un joven de dieciséis años encontró esta nota de su maestro de retórica en Harrow, Inglaterra, junto a su boletín de calificaciones: "Una notoria falta de éxito". El joven continuó tratando y llegó a convertirse en uno de los oradores más famosos del siglo veinte. Su nombre fue Winston Churchill.

En 1902, un aspirante a escritor de veintiocho años de edad recibió una carta de rechazo del editor de poesía del *The Atlantic Monthly*. De regreso con un grupo de poemas que él había enviado, estaba esta graciosa nota: "Nuestra revista no tiene espacio para sus vigorosos versos". Él continuó tratando, sin embargo y llegó a ver su obra publicada. El nombre del poeta era Robert Frost.

En 1905, la Universidad de Bern declinó una disertación de doctorado como muy elaborada e irrelevante. El joven estudiante de física, que escribió la disertación, siguió esforzándose y llegó a desarrollar alguna de sus ideas como teorías generalmente aceptadas. Su nombre era Albert Einstein.

Cuando el rechazo sacude tu resolución y opaca tus metas, sigue intentando. ¡Si no te das por vencido, un día estarás viviendo tus sueños!

No digamos: "Cada hombre es el arquitecto de su propio destino", sino digamos: "Cada hombre es el arquitecto de su propio carácter".

Hasta que muera, no abandonaré mi integridad.
Me aferraré a mi justicia y no la soltaré.
Mi corazón no reprocha ninguno de mis días.

Job 27:5-6 (LBLA)

Cuando el Jefe de Justicia Charles Evans Hughes se mudó a Washington, D.C., para tomar sus obligaciones en la Corte Suprema, él transfirió su carta de los miembros de la iglesia a una iglesia bautista en el área.

Era la costumbre para todos los nuevos miembros en esta iglesia el ir al frente del santuario al cierre del servicio de adoración para recibir la bienvenida y presentación oficial. La primera persona en ser llamada esa mañana fue Ah Sing, un lavandero chino que se había mudado a Washington proveniente de la costa oeste. Él tomó su lugar en el extremo de la iglesia. A medida que una docena más o menos eran llamados al frente ese día, cada uno tomaba su puesto al otro extremo de Ah Sing. El ministro quien dio al grupo la bienvenida al compañerismo de la iglesia dijo: "No deseo que esta congregación pierda esta extraordinaria ilustración del hecho de que en la cruz de Jesucristo, el grupo está al mismo nivel.

Tu carácter se muestra de muchas formas, pero una de las más obvias es la manera en que tratas a las personas. Tú crecerás en carácter y reputación si tratas a otros con bondad.

Es imposible para el hombre que recuerda que su ayudador es omnipotente, desesperarse.

Levantaré mis ojos a los montes; ¿de dónde vendrá mi socorro? Mi socorro viene del Señor, que hizo los cielos y la tierra.

Salmo 121:1,2 (LBLA)

E. Stanley Jones cuenta la historia de un misionero que se perdió en la jungla del África. Mirando a su alrededor, no veía nada sino arbusto y unos cuantos lugares despejados. Dio tumbos de un lado a otro hasta que al fin tropezó con una cabaña de un nativo. Le preguntó a uno de los nativos si le podía dirigir hasta las afueras del bosque y de regreso hasta la estación de la misión. El nativo estuvo de acuerdo a ayudarlo.

—¡Gracias! —exclamó el misionero—. ¿En qué dirección voy?

El nativo respondió:

—Camina.

Y así lo hicieron, abriendo su camino con el hacha a través del bosque salvaje por más de una hora.

Al hacer la pausa para descansar, el misionero miró a su alrededor y tuvo la misma sobrecogedora sensación de que estaba perdido. De nuevo, todo lo que podía ver eran arbustos y unos cuantos lugares despejados.

—¿Estás bien seguro de que éste es el camino? —preguntó—. Yo no veo ningún camino.

El nativo le miró y le respondió:

—Bwana, en este lugar no hay camino. Yo soy el camino.

Cuando no tenemos ninguna pista sobre en qué dirección nos dirigimos, tenemos que recordar que Dios que nos encamina es omnisciente, todo sabio. Cuando se nos acaba el tiempo, tenemos que recordar que Dios es omnipresente, todo el tiempo está en Sus manos. Cuando somos débiles, tenemos que recordar que Dios es omnipotente, todopoderoso. Él es todo lo que nosotros necesitamos.

El servicio no es otra cosa que el amor en ropa de trabajo.

Pero el mayor de vosotros será vuestro servidor.

Mateo 23:11 (LBLA)

Señor de todas las cazuelas, ollas y cosas,
Ya que no tengo tiempo de ser
Un santo haciendo cosas amorosas,
O estando hasta tarde en vigilia contigo,
O soñando en las luces del amanecer,
O batiendo las puertas del cielo.
Hazme un santo dándome cenas,
Y lavando los platos.
Aunque yo tengo las manos de Marta,
Poseo la mente de María;
Y cuando ensucio las botas y los zapatos,
Tus sandalias, Señor yo encuentro.
Pienso en cómo anduvieron por la tierra,
Cada vez que barro el piso.
Acepta esta meditación, Señor,
No tengo tiempo para más.
Calienta toda la cocina con Tu amor,
Y alúmbrala con tu paz;
Perdóname todos mis errores,
Y haz que cesen las quejas.
Tú que amaste alimentar a los hombres,
En una habitación o frente al mar,
Acepta este servicio que yo doy,
Te lo doy a ti.

—Desconocido

Aquellos que no han hecho
nada en la vida
no están capacitados
para juzgar a quienes
han hecho un poco.

No juzguéis, y no seréis juzgados; no condenéis,
y no seréis condenados; perdonad, y seréis perdonados.

Lucas 6:37 (LBLA)

En el siglo dieciocho, un zapatero inglés mantuvo un mapa del mundo en la pared de su taller, para así recordar orar por las naciones del mundo. Como resultado de tal oración, sintió una carga especial por el alcance misionero. Compartió esta carga en una reunión de ministros, pero un ministro principal le dijo:

—Jovencito, siéntese. Cuando Dios desee convertir a los incrédulos, él lo hará sin su ayuda o la mía.

El zapatero, William Carey, no dejó que las observaciones de este hombre apagaran la llama de su preocupación. Al no poder encontrar a otros para que apoyaran la causa misionera que había hecho arder su alma, él mismo se convirtió en misionero. Sus esfuerzos pioneros en la India son legendarios; sus poderosas hazañas para Dios están registradas por muchos historiadores de la iglesia.

Ten cuidado de cómo respondes al entusiasmo de los demás. No apagues el celo de otra persona por Dios. Sé cuidadoso en cómo respondes a las nuevas ideas de los demás, para que no aplastes su creatividad dada por Dios.

Sé generoso y bondadoso al evaluar la obra de los demás, para que puedas estimular aquellas cosas que son de valor. Sé lento para juzgar y rápido para alabar. ¡Entonces ora por lo mismo en tu propia vida!

Personas, lugares y cosas
nunca fueron diseñadas
para darnos vida.
Solo Dios es el autor
de una vida que satisface.

Yo he venido para que tengan vida,
y para que la tengan en abundancia.
Juan 10:10 (LBLA)

En una ocasión un joven vino a Jesús preguntándole qué tenía que hacer para tener vida eterna. Jesús le respondió que debería guardar los mandamientos. El joven entonces dijo que él siempre los había guardado. Jesús le aconsejó, Si quieres ser perfecto, anda, vende lo que tienes, y dalo a los pobres, y tendrás tesoro en el cielo; y ven y sígueme (Mateo 19:21).

Las Escrituras nos dicen que el joven se fue triste, porque tenía muchas posesiones (v. 22). ¡El joven no solo tenía muchas posesiones, sino que aparentemente esas posesiones lo poseían a él! Él no podía considerar el dejar las cosas terrenales, temporeras para obtener las celestiales, las eternas. Jesús también enseñó, por supuesto, que las "riquezas" del cielo pueden ser nuestras ahora. Este joven no tenía que esperar hasta que él muriera para obtener los beneficios de la vida eterna. Si él hubiera estado dispuesto a desistir de la posesión de sus "cosas", habría podido disfrutar de gran gozo, paz y una vida plena, cosas de las que aparentemente él carecía o no le hubiera hecho a Jesús esa pregunta.

Da una mirada hoy a tus posesiones. ¿Hay allí libros, cintas o ropa que puedes regalar a alguien en necesidad de aprender, de ser inspirado o vestido? ¡Descubre lo gratificante que puede ser el dar!

Un hombre con valor es mayoría.

*Sed firmes y valientes,... porque el Señor tu Dios...
no te dejará ni te desamparará.*

Deuteronomio 31:6 (LBLA)

$\mathcal{U}$n adolescente llamado Buck caminaba un día hacia el apartamento de su padre desde una parada del tren subterráneo, cuando de momento vio que dos hombres se dirigían hacia él para acorralarlo.

—Dame tu billetera —-le insistió uno de los hombres—. Yo tengo una pistola. Dame tu billetera, o te disparo.

—No —dijo Buck.

—Oye hombre, tú no entiendes. Te estamos robando. Dame tu billetera.

—No.

—Dame tu billetera o te corto con un cuchillo.

—No.

—Dame tu billetera o te caigo a golpes.

Para este entonces el ladrón le estaba rogando más de lo que exigía.

—No —dijo Buck una vez más.

Siguió caminando y unos cuantos pasos después, vio que los dos hombres habían desaparecido. A medida que él relataba esta historia a un amigo, este le preguntó:

—¿Tuviste miedo?

Buck le respondió:

—¡Por supuesto que tenía miedo!

—¿Entonces, por qué no le diste tu billetera?

—Porque —Buck le respondió con total naturalidad—, mi licencia de aprendiz estaba en ella.

Mientras que puede ser sabio ceder a las demandas de un ladrón, la primera y mejor respuesta al temor es siempre "¡No!"

Nunca vas a hacer
una decisión más importante
que la elección de la persona
con la que te vas a casar.

Por tanto el hombre dejará a su padre
y a su madre y se unirá a su mujer,
y serán una sola carne.

Génesis 2:24 (LBLA)

Cuando Ruth Bell era una adolescente, fue enviada desde la casa de su niñez en la China a un colegio en Corea. En ese momento, ella tenía toda la intención de seguir los pasos de sus padres y ser una misionera. Se veía a sí misma como una "solterona" confirmada, ministrando a las personas en el Tibet. Sin embargo, mientras estaba en el colegio, Ruth dio seria consideración al tipo de esposo que ella pudiera imaginar. Como lo cuenta en su libro *A Time for Remembering,* ella enumeró estas particularidades:

"Si yo me caso: Él tiene que ser tan alto que cuando esté arrodillado, como alguien ha dicho, pueda tocar el cielo. Sus hombros tienen que ser amplios como para llevar la carga de una familia. Sus labios tienen que ser tan fuertes como para sonreír, firmes como para decir no, y tiernos para besar. El amor tiene que ser tan profundo que tome su lugar en Cristo y tan amplio que quepa todo el mundo que se pierde en él. Tiene que ser activo como para salvar almas, inmenso para ser gentil y grande para ser considerado. Sus brazos tienen que ser fuertes como para cargar a un niño pequeño".

Ruth Bell nunca se convirtió en una misionera dedicada por completo a ello en el Tibet. Sin embargo, sí encontró a un hombre digno para casarse, Billy Graham. ¡Como su esposa, Ruth Bell Graham se convirtió en una misionera para el mundo entero!

Tu cónyuge será la persona más importante en tu vida. Es crucial que te cases con la persona correcta. Piensa sobre las cualidades que te gustaría tener en un compañero/a. Si no lo has hecho aún, comienza a orar por la persona con la que eventualmente te casarás. Incluso si no le has conocido aún, Dios sabe quién es.

*La Biblia tiene una palabra
para describir
la relación sexual "segura":
se llama matrimonio.*

Sea el matrimonio honroso en todos,
y el lecho matrimonial sin mancilla,
porque a los inmorales y a los adúlteros
los juzgará Dios.

Hebreos 13:4 (LBLA)

*L*os años de la década de 1960 fueron conocidos por muchas rebeliones, entre ellas la revolución sexual. "Amor libre" se vertía del movimiento de los *hippies* hacia la corriente principal de la cultura norteamericana. Las relaciones sexuales prematrimoniales sancionadas por la "nueva moralidad" se volvieron un exhibicionismo abierto.

Sin embargo, uno de los resultados no esperados de este movimiento, recibió poca publicidad. Según fuera reportado por el doctor Francis Braceland, anterior presidente de la Asociación norteamericana de Psiquiatras y editor del *American Journal of Psychiatry*, un número creciente de jóvenes fueron admitidos en hospitales mentales durante ese tiempo. Discutiendo estos descubrimientos en la Convocación de Medicina y Teología Nacional Metodista, Braceland concluyó: "Una actitud indulgente en el campo sobre la experiencia de sexo prematrimonial ha impuesto tensión en algunas mujeres universitarias, lo suficiente severas como para causar un colapso nervioso".

Mirando en retrospectiva a través de los años desde que la "nueva moralidad" fue sancionada por un alto porcentaje de la cultura norteamericana, uno encuentra un creciente número de violaciones, abortos, divorcios, embarazos prematrimoniales, hogares con un solo padre y casos de enfermedades de transmisión sexual, incluyendo herpes y VIH.

La evidencia es convincente: ¡la vieja moralidad produjo seguridad, personas más saludables y felices!

Nada se pierde jamás
siendo cortés...
Le es placentero a aquel
que da y al que recibe;
y así como la misericordia,
es una doble bendición.

Así que entonces, hagamos bien a todos
según tengamos oportunidad...
Gálatas 6:10 (LBLA)

A menudo nos referimos a la cortesía como "cortesía común" pero está muy lejos de ser algo común en estos días. De hecho, es bastante rara. ¿Cuántas personas conoce usted que siguen las reglas básicas de cortesía dadas en esta sección?

Un padre en una ocasión señaló sobre sus tres hijos: "Puede que no sean los niños más brillantes en sus clases. Puede que no sean los más talentosos o los más habilidosos. Puede que no alcancen gran fama, o ganen millones de dólares. Pero al yo insistir en que ellos tengan buenos modales, sé que serán bienvenidos en todos los lugares y por todas las personas". ¡Cuán cierto!

Los buenos modales que exhiben cortesía común, son como una tarjeta de presentación. Abren puertas que en otras circunstancias estarían cerradas para aquellos que son rudos, toscos o mal educados. Traen invitaciones de bienvenida y muy a menudo, retornan compromisos. Cubren una multitud de debilidades y fallas. Hacen que las otras personas se sientan bien con ellas mismas y a cambio, extienden bondades y generosidad que de otra forma pudieran no ser mostradas. Los buenos modales son un prerrequisito para las buenas amistades, buenas asociaciones de negocios y buenos matrimonios. ¡Es una clave para el éxito!

Dos increíbles y poderosas palabras: "Muchas gracias".

Y así como queréis que los hombres os hagan,
haced con ellos de la misma manera.

Lucas 6:31 (LBLA)

¿Qué comportamientos virtuosos de la tierra serán requeridos en el cielo?

¿Valor? No. No habrá nada que temer allí. ¿Esperanza? No. Tendremos todo lo que deseemos.

¿Fe? No. Estaremos en presencia de la Fuente de nuestra fe y todas esas cosas por las cuales hemos creído tendrán su cumplimiento en Él y por su mano.

¿Actos de caridad hacia aquellos en necesidad? No. No habrá hambre, sed, desnudez, o vagabundos en el cielo. Todas las necesidades serán suplidas.

¿Lástima? No, porque no habrá más lágrimas ni más dolor.

¿Bondad y gratitud? ¡Sí! Aun habrá lugar para mostrar bondad a los demás, gratitud por las bondades que otros nos han mostrado.

La bondad pone a las personas en paz, y a su vez las hace más colaboradoras y felices.

Immanuel Kant dijo una vez: "Siempre trata a un ser humano como a una persona, esto es, como un fin en sí mismo y no solo como el medio para tu fin". Lucha para impartir dignidad y autoestima a todo el que conozcas. ¡Considéralo un ensayo de tu vestimenta para tu futura vida en el cielo!

Los hijos que traen honra a sus padres cosechan bendiciones de su Dios.

Honra a tu padre y a tu madre, para que tus días sean prolongados en la tierra que el Señor tu Dios te da.

Éxodo 20:12 (LBLA)

$\mathcal{U}$na madre observaba con una ceja levantada mientras sus dos hijos tomaban un martillo y unos cuantos clavos de la gaveta de la cocina y salían correteando hacia una de las habitaciones de uno de los niños, entre risitas y hablando en voz baja. Al no escuchar ningún martillazo, ella continuó con sus quehaceres. Entonces desde la ventana de la cocina, vio a uno de los niños tomar una escalera del garaje. Desapareció de su vista antes que pudiera llamarlo. Pocos minutos después su otro hijo entró en la cocina para preguntarle si ella tenía alguna soga.

—No —dijo la mamá—. ¿Qué está sucediendo?

Su hijo le respondió: —Nada.

La mamá insistió:

—¿Estás seguro?

Pero su hijo ya se había marchado.

Con grandes sospechas, la mamá salió hacia la habitación de su hijo. Ella encontró la puerta cerrada y pasado el pestillo. Tocó.

—¿Qué están haciendo ahí muchachos? —preguntó.

Un hijo respondió: —Nada.

Sospechando una gran travesura, ella demandó entrar.

—¡Yo quiero que ustedes abran esta puerta ahora mismo! —les dijo.

Pocos segundos después, la puerta se abrió y su hijo gritó:

—¡Sorpresa! —mientras le entregaba un regalo envuelto de forma rústica.

—¡Feliz cumpleaños mamá! —el otro niño añadió.

Verdaderamente sorprendida, la mamá tartamudeó:

—¿Pero y qué del martillo, clavos, escalera y la soga?

Los niños sonrieron:

—Eran solo señuelos, mamá.

Aquellos que desean dirigir, tienen primero que aprender a respetar la autoridad y obedecerla.

Honrad a todos, amad a los hermanos,
temed a Dios, honrad al rey.
1 Pedro 2:17 (LBLA)

*M*ientras conducía por una carretera rural, un hombre llegó a un puente muy estrecho. Frente a este había un letrero en el que se leía "Ceda el paso". Viendo que no venían automóviles, el hombre continuó a cruzar el puente y hacia su destino. De regreso por esta misma ruta, llegó al mismo puente de un carril solamente, ahora en dirección contraria. Para su sorpresa, vio otro letrero de "Ceda el paso" puesto allí.

Curioso, pensó. *Estoy seguro de que había otro puesto en el otro lado.* En efecto, cuando llegó al otro lado del puente y miró hacia atrás, vio el letrero. Los rótulos de Ceda el paso habían sido puestos en ambos extremos del puente, obviamente con la intención de que los conductores de ambas direcciones cedieran el derecho al paso el uno al otro. Era razonable y una forma doble de asegurarse de prevenir un choque de frente.

Si te encuentras en una situación de batalla con alguien que tiene más autoridad que tú o igual, siempre es sabio ceder. Si en realidad ellos tienen más autoridad, una falta de sumisión te pondrá en una posición en la que serás castigado o reprendido. Si tienes la misma autoridad, el ejercicio de tu poder solo provocará resentimiento en alguien que mejor se mantiene como aliado. Como dice la Biblia, *nos debemos preferir el uno al otro (Romanos 12:10).*

Aquel que nos creó
sin nuestra ayuda, no nos salvará
sin nuestro consentimiento.

Que si confiesas con tu boca a Jesús por Señor,
y crees en tu corazón que Dios le resucitó
de entre los muertos, serás salvo.

Romanos 10:9 (LBLA)

*L*as letras RSVP son la abreviatura de la frase en francés *responde vous s'il vous plait...* o, "por favor responda". Esta frase en una invitación pide que se le deje saber al anfitrión o anfitriones si uno planea asistir a la función. Toda invitación marcada con RSVP requiere que se llame o escriba al anfitrión para dejarle saber que estarás o no allí.

En ocasiones, una invitación escrita dirá, "RSVP, tan solo disculpándose". En este caso, requieren que notifiques al anfitrión solo si no vas a asistir. Sin embargo, un invitado de veras considerado, que piensa asistir, llamará o enviará una nota por correo al anfitrión para darle las gracias por la invitación y confirmar su presencia.

Imagínate que planeas una fiesta con comida para cincuenta invitados y estuvieses pagando veinticinco dólares por invitado. Luego imagínate que la mitad de tus invitados no respondieron y diez de ellos no se presentaron. Estarías gastando doscientos cincuenta dólares para personas que sencillamente no fueron lo suficiente consideradas como para dejarte saber que no se presentarían. ¿Tendrías a esas personas como amigos considerados?

El RSVP más importante de toda tu vida es nuestra respuesta a la invitación de Dios a pasar la eternidad con él en el cielo. ¿Has enviado tu RSVP?

*Antes que pidas prestado
dinero de un amigo,
decide cuál de los dos
necesitas más.*

*Si alguno pide prestado un animal a su vecino,
y el animal sufre daño o muere en ausencia
de su dueño, hará completa restitución.*

Éxodo 22:14 (LBLA)

$\mathcal{U}$na tienda en una ocasión tenía esta política para ventas a plazos: "Lo retenemos en la tienda mientras usted paga por ello. Estás molesto. Lo sacas de la tienda y no lo pagas. Nosotros estamos molestos. Mejor que seas tú el que esté molesto". El vecino de Mark Twain pudo haber tenido esta política en mente cuando Twain le pidió prestado cierto libro que había visto en la biblioteca de su vecino.

—Por supuesto que sí, señor Clemens, usted será más que bienvenido a tomarlo —le respondió el vecino—. Pero tengo que pedirle que lo lea aquí. Usted sabe, tengo por norma nunca dejar que ningún libro salga de mi biblioteca.

Varios días después, el vecino vino a la casa de Twain y le pidió si podía tomar prestado su máquina de cortar la yerba ya que la suya había sido llevada a la tienda para ser reparada.

—Por supuesto —el humorista respondió—. Usted es más que bienvenido. Pero tengo que pedirle que la use en mi patio. Usted sabe que yo tengo mi norma.

Trata lo que prestas como si fuese una posesión de gran precio, devolviéndola pronto. Si algo le sucede mientras está en tu posesión, repárala o reemplázala, no a tu conveniencia, sino a la satisfacción del dueño. Siempre recuerda, mientras el objeto está en tus manos, no es tuyo. Aún pertenece a la otra persona.

*Dios ha dado al hombre
una lengua, pero dos oídos
para que podamos escuchar
doble de lo que hablamos.*

*No os jactéis más con tanto orgullo,
no salga la arrogancia de vuestra boca.*

1 Samuel 2:3 (LBLA)

$\mathcal{E}$l seño. Brown estaba en su año final del seminario, preparándose para ser pastor. La norma de su colegio pedía que él estuviera disponible de un momento a otro para sustituir en las iglesias locales que pudieran necesitar un predicador. El señor Brown impaciente esperaba tal oportunidad y al fin, llegó su momento. El pastor de una iglesia de campo fue llamado a otro sitio de emergencia y al señor Brown se le pidió que ocupara el púlpito.

Habiendo esperado por tanto tiempo esta oportunidad y teniendo tanto que decir, el señor Brown pronto se vio completamente absorto en sus propias palabras. Mientras más predicaba, más se sentía inspirado a hacerlo. Cuando le dio un vistazo a su reloj, quedó sorprendido de ver que había predicado toda una hora. Estaba verdaderamente abochornado pues se le había permitido apenas treinta minutos de predicación. Sabiendo que ya sobrepasaba la hora de almuerzo, dio una sentida disculpa a la congregación y se sentó.

Una jovencita corrió hasta donde él después de terminar el servicio. Obviamente impresionada con su personalidad y apariencia y quizá su disponibilidad, más que con su mensaje, ella dijo con efusión "Oh hermano Brown, usted no tenía que disculparse. En realidad no habló por mucho tiempo, solo parecía mucho tiempo".

La vieja regla general es, "Siempre déjalos deseando más".

Trabajar sin una visión
es monótono; una visión
sin trabajo es solo un sueño;
trabajo con una visión
es una victoria.

Procura con diligencia presentarte a Dios aprobado,
como obrero que no tiene de qué avergonzarse,
que maneja con precisión la palabra de verdad.

2 Timoteo 2:15 (LBLA)

$\mathcal{H}$elen Keller venció el más difícil de los retos físicos para llegar a ser una de la mayores norteamericanas del siglo veinte. Como resultado de una fiebre cuando era bebé, Helen se quedó sorda, ciega y no podía hablar. Con el tiempo, con dedicación, aprendió a comunicarse con Braille y su vida se volvió una inspiración para millones de personas, incluyendo Mark Twain, un ardiente admirador. Ella fue invitada a visitar a cada presidente de los Estados Unidos durante su vida.

De adolescente, luchó por superarse y al final se graduó con honores de la Universidad de Radcliffe. Escribió numerosos artículos, dio discursos para la Fundación Norteamericana para la Ceguera, y recaudó más de dos millones de dólares para la obra de la fundación. Cuando cumplió ochenta años, la Fundación Norteamericana para los Ciegos en el Extranjero la honró al anunciar el Premio Internacional Helen Keller para aquellos que dieran una ayuda sobresaliente a la ceguera.

En ocasiones como adultos jóvenes, pensamos que tenemos muchas cosas adversas, que nuestras vidas son muy difíciles. Sin embargo Helen se levantó por encima de sus limitaciones para hacer una contribución duradera a nuestra sociedad. No solo somos llamados a vencer nuestras faltas y debilidades, se nos pide que ejercitemos nuestras fortalezas. Se nos reta a que hagamos algo más que "sobrevivir" en este mundo. Dios desea que pongamos nuestras mentes, corazones y energías a la obra que él ha planeado para nosotros. Él te ha dado el talento para hacer tus sueños una realidad.

Reconocimientos

Reconocemos y agradecemos a las siguientes personas
por las citas usadas en este libro: